청춘의 발견

가슴 뛰는 순간에 다가오는 것들

청춘의 발견

김창남 기획

김영현

김정환

박권일

변영주

안영노

윤도현

이상엽

이원재

이정모

봄의정원

불안의 시간을 이기는,
힘이 되는 이야기

우리가 문법적으로 흔히 틀리는 표현 가운데 '가르치다'와 '가리키다'가 있다. 배움을 주는 것은 '가르치는' 것이고 방향을 알려주는 건 '가리키는' 일이다. 하지만 돌아가신 신영복 선생은 가르치는 것은 곧 가리키는 것이라는 말씀을 하신 적이 있다. 선생과 학생의 관계에서 학생이 전혀 모르고 있던 것을 선생의 이야기를 통해 새로이 알게 되는 경우는 거의 없다. 이미 알고 있었지만 미처 생각하지 못했던 것을 불러내는 것일 뿐이다. 선생이 자신이 갖고 있는 그림 한 장을 꺼내 보여주면 학생은 자신의 앨범에서 그와 비슷한 그림을 찾아내 비교해보는 것이다. 그렇게 자기 자신을 확인하고 깨우치는 게 교육이며 공부다. 단순한 지식이나 정보의 차원이라면 몰라도 삶의 지혜에 관한 것이라면 선생의 일은 가르치기보다 가리키는 일이다.

대학 강단에 서 있는 교수가 가진 경험은 지극히 제한적이다. 대부분의 경우 교수는 책과 논문을 붙들고 씨름하며 공부만 해온 사람이고 삶의 다양한 현장 경험은 적을 수밖에 없다. 그러니 교수가 '가리킬' 수 있는 내용은 기실 매우 좁은 범주에서 벗어나지 못한다. 학생들이 교수의 강의를 통해 얻는 건 대부분 지혜이기보다 지식이다. 지식은 책과 같은 정보의 창고에서 찾아내는 것이지만 지혜는 경험의 샘에서 솟아나는 것이다. 지혜를 위해서는 지식이 반드시 필요하지만 지식만으로 지혜가 샘솟지는 않는다. 내가 '매스컴 특강'이란 과목을 통해 학생들에게 가급적 다양한 현장 경험을 가진 분들의 강의를 듣게 하는 까닭이 여기에 있다.

이 책은 지난 2016년 '매스컴 특강'에서 강의해주신 아홉 분의 강연을 모은 것이다. 강사들의 전문 영역과 경험의 스펙트럼은 매우 다양하다. 학생들은 팀을 나누어 각자의 관심 영역에 따라 강사들을 선택했고 사전 인터뷰, 강연 콘셉트 구성, 홍보 등을 수행하며 특강 이벤트를 준비했다. 매 강연마다 보고서를 작성했고 강연 후에는 녹취를 풀어 강연록을 만들었다. 이 책은 바쁜 일정 속에서 학생들을 위해 시간을 내준 강사들, 그리고 강연 이벤트를 준비하고 강연록을 작성하는 과정을 합심하여 해낸 학생들의 수고가 깃든 작품이다.

김영현은 동양화를 전공한 미술가이며 오랫동안 공공미술, 공공문화 영역을 개발하는 활동을 해온 기획자다. 그가 만들고 이끌어온 '유알아트URArt(You Are Art)'란 단체의 이름에서 알 수 있듯이, 그는 모든 사람이 예술가라는 생각을 갖고 있다. 그가 예술과 전혀 무관한 삶을 살아온 시골 할머니들이나 평범한 주부와 아이들, 시각장애인들과 함께 만들어온 다양한 활동은 감동적이기까지 하다. 문화와 예술이 보통 사람들의 일상에서 얼마나 새로운 의미를 가질 수 있는지 새삼 깨닫게 된다. 이를테면 그는 시골의 할머니들이 도시 사람들과 함께 밥상을 차려 먹는 「산골밥상」 프로그램을 만들었다. 할머니들은 도시 사람들에게 단지 밥상을 차려주는 것뿐 아니라 고추를 따게 하거나 장작을 패게 하고 농산물을 나누어 준다. 이 과정에서 할머니들은 스스로 누군가를 가르치는 강사의 정체성을 갖게 되고 그전까지 느껴본 적이 없는 자존감을 얻게 된다. 할머니들에게 초상화 그리는 법을 가르치고 마을 박람회에서 사람들에게 초상화를 그려주게 한 기획도 흥미롭다. 할머니들은 앞에 앉은 사람의 얼굴만 그려주는 게 아니라 그들의 이야기를 들어주고 공감하며 덕담을 건넨다. 이 과정에서 전혀 새로운 관계가 만들어지고 그림은 단지 그림이 아니라 사람 사이를 이어주는 공감의 매개가 된다. 문화 예술을 그저 보고 즐기는 것이 아니라 삶 속에서 실천하는 기획을 통해 모든 사람은 예술가가 되고 삶은 풍요로워진다.

　김정환은 '미디어몽구'라는 이름으로 널리 알려진 1인 저널리스트다. 우연한 기회에 시사 블로거 활동을 시작한 김정환은 지금은 메이저 미디어의 기자들도 무시하지 못하는 독립 언론인으로 자리를 굳혔다. 그가 1인 미디어의 성가聲價를 높일 수 있었던 가장 큰 비결은 현장에 한 시간 먼저 가서 끝까지 자리를 지킨다는 원칙이다. 다른 언론사의 기자들이 자리를 뜬 뒤에도 끝까지 남아 현장을 기록한 그의 우직함이 남들이 건지지 못한 수많은 특종 기사를 만들어냈던 것이다. 1인 저널리스트의 활동은 당연히 순탄치 않았다. 기성 언론 기자들은 그를 무시하기 일쑤였고 기자증이 없어 활동하기 어렵기도 했다. 그는 누구보다 성실하게 사건 현장을 누비고 당사자들을 만나고 다른 언론사 기자들과 친해지기 위해 노력함으로써 이런 어려움을 극복할 수 있었다. 그가 가진 또 하나의 원칙은 남에게 들은 이야기는 절대로 하지 말자는 것이다. 직접 가서 본 현장만 찍고 직접 들은 이야기만 기록하고 전달한다. 이런 노력이 쌓이면서 수많은 네티즌의 신뢰를 얻었고, 이것이 미디어몽구의 가장 큰 저널리즘 자산이 되었다. 그는 가능한 한 사회적 약자, 피해자에 관심을 기울이고 그들의 목소리를 대변하고자 한다. 이를 위해 필요한 건 기자로서의 취재

욕구가 아니라 피해자의 입장을 이해하고 들어주는 태도다. 이런 진정성이야말로 월급을 받는 기자들은 절대로 가지기 힘든 1인 저널리스트 미디어몽구의 무기다.

　박권일은 『88만원 세대』의 공저자로 잘 알려진 칼럼니스트다. 그는 2002년 월간 〈말〉지 기자를 첫 직업으로 가지면서 글쟁이의 삶을 시작했다. 기자 생활을 통해 그는 '사실fact을 대하는 태도'를 배웠다. '사실에 대한 최대한의 존중'이야말로 그의 글쓰기를 일관하는 가장 기본적인 원칙이다. 그는 칼럼니스트에게 가장 필요한 자질은 '세계에 대한 호기심'이라고 말한다. 세상의 다양한 사실에 대해 끝없이 호기심을 갖고 글을 통해 그 의문을 풀어내고자 하는 사람이 글쓰기를 업으로 할 수 있다는 얘기다. '88만원 세대'라는 신조어를 유행시킨 저자답게 그는 청년 세대의 문제에 관심이 많다. 그는 청년 세대의 문제는 단지 세대의 문제가 아니라 비정규직 노동, 불완전 노동의 문제로 보아야 한다고 말한다. 청년 세대 문제는 노동문제를 중심으로 제기되어야 한다는 것이다. 청년 문제의 연장에서 그는 일베 현상에 대해서도 깊은 관심을 갖고 있다. 그는 일베의 행동을 유발하는 동기를 주목경쟁과 피해자의식으로 본다. 일베를 그저 찌질한 루저로 보는 시각으로는 이 현상을 제대로 해석할 수 없으며 중요한 건 그들이 왜 하필 지금 그런 형태로 사회적인 불만을 표출하고 있는가, 라는 질문이다. 박권일은 지금 우리 사회에 온갖 가짜 적대, 가짜 갈등이 만연해 있다고 말한다. 히치콕 영화의 맥거핀처럼 의도적으로 조장된 이런 가짜 적대들에 주목이 집중되면서 진짜 중요한 갈등이 은폐되고 있다고 본다. 이른바 헬조선 담론도 그런 맥락에서 봐야 한다는 게 그의 생각이다.

「화차」를 연출한 영화감독 변영주는 여성혐오 문제를 사례로 들면서 단순하고 익숙한 편 가르기 식의 사고가 갖는 위험을 이야기한다. 예컨대 군가산점제도가 문제가 되었을 때 명백한 사회적 차별을 없애자는 운동이 여성혐오 논란으로 비화된 것은 문제를 구체적으로 인식하지 않고 쉽게 편을 가르는 사고 때문이다. 그렇게 될 때 정작 문제의 원인이 되는 '갑'의 존재는 사라지고 '을'들끼리 편을 나누어 싸우는 결과를 낳고 만다는 것이다. 이런 함정에서 벗어나기 위해 필요한 것은 구체적이고 실질적으로 사고하는 것, 타인에 대해 측은지심, 즉 공감과 연민의 태도를 갖는 것, 그리고 고립되지 않고 연대를 추구하는 것이다. 특히 중요한 것은 구체적인 사고를 훈련하는 것이다. 공장에 가서 혁명가가 되겠다는 꿈을 꾸던 변영주가 영화 일을 하겠다고 결심하게 된 것도 그런 태도의 결과다. 그는 자신이 좋아하는 것과 싫어하는 것을 아주 구체적으로 써보는 과정에서 영화라는 답을 얻었다. 영화 일을 하고 있는 지금도 그는 구체적으로 따지고 질문하고 답을 찾는 과정을 끊임없이 되풀이한다. 사소하고 작은 문제를 디테일하게 토론하는 습관을 가질 때 우리는 스스로의 불안을 이해할 수 있다. 그런 의미에서 손쉽게 어른들의 답을 구하려 하지 말아야 한다. 구체적이기 위한 끊임없는 훈련을 통해 청년들 스스로 답을 찾아야 한다는 것이다.

안영노는 홍대 앞 초창기 '인디 신'에 참여했던 음악인이자 기획가, 문화평론가다. 한때 서울대공원장이라는 공직을 지내기도 한 다양한 경력의 소유자다. 그는 직장을 다니던 중 친구들과 의기투합해 홍대 앞에 '빵'이란 카페를 열었다. 유학 준비를 위해 회사를 그만두고 드럼을 배우던 중 만난 친구들과 허벅지밴드를 결성하면서 인디 음악 활동을 시작한다. 이후 홍대 앞의 여러 클럽을 모아 '개방적인 클럽 연대'를 결성하게 되고 서서히 밴드들이 모여들고 인디 음악 제작이 활발해지면서 홍대 앞 인디 신이 본격적으로 형성된다. 그는 이런 과정이 어떤 세밀한 계획이나 전략으로 이루어진 것이 아님을 강조한다. 가장 중요한 건 일단 해보는 것, 즉 '저스트 두 잇Just Do It'의 정신이다. 안영노는 1980년대에 대학을 다닌, 이른바 386세대이지만 스스로 7~8년 아래인 90년대 신세대와 함께했다고

말한다. 그가 생각하는 90년대 신세대의 키워드는 '배그vag'
과 '밴van'이다. 배그는 배가본드vagabond, 즉 방랑객이다. 한군
데 머물지 않고 끝없이 새로운 길을 찾아 유랑하는 것이다. 밴
은 뱅가드vanguard, 즉 전위다. 일단 앞으로 치고 나가는 것이다.
그가 보기에 1990년대에 이 두 가지 정신을 앞장서 실천한 두
그룹이 있는데, 하나는 홍대 앞의 인디 신을 이끈 문화 게릴라
들이고 또 하나는 테헤란로의 IT벤처 그룹이다. 지금의 상황
이 1990년대와는 크게 다르지만 결국 나의 길을 만들고 세상
을 바꾸는 건 청년 세대 자신이고 그들에게 필요한 건 90년대
신세대가 가졌던 '저스트 두 잇'의 정신일 수밖에 없다.

YB의 윤도현은 성공회대학교 신문방송학과를 잠시 다닌
적이 있다. 지금 재학생들 입장에서는 비록 졸업을 하진 않았
지만 선배인 셈이다. 그래선지 학생들은 강의실 앞에 '윤도현
선배의 복학을 환영합니다'라는 플래카드를 걸어놓았다. 물
론 여기서 '복학'은 학교를 다시 다닌다는 뜻이 아니라 특강
을 위해 오랜만에 학교로 돌아왔다는 의미다. 그는 가장 행복
했던 순간으로 데뷔 후 첫 공연을 꼽는다. 비록 무명이었고 관
객은 적었지만 나의 음악을 할 수 있다는 생각만으로도 넘치
도록 행복했다. 이후 그는 신영복 선생의 문구 '처음처럼'을
늘 새기며 산다. 그가 가장 불행하다고 느꼈던 건 밴드 멤버

간의 불화로 음악 활동이 고통스러웠던 시간이다. 가장 좋아하는 일을 즐겁지 않은 마음으로 할 때만큼 힘든 건 없다. 그는 곡을 쓰는 데 가장 중요한 건 감정의 솔직함이라고 말한다. 기쁨과 행복, 분노, 슬픔 같은 감정을 놓치지 않고 있는 그대로 온전히 담아내는 것이다. 내 노래가 내 몸과 마음으로부터 겉돌지 않고 녹아들어야 한다는 말이다. 이를 위해 가장 필요한 건 치열한 연습이다. 엄청난 연습을 통해 내 몸에 완벽하게 내 음악이 들어왔다고 느낄 때 그는 비로소 가장 자유로움을 느낀다. 진정한 자유로움은 치열한 노력과 연습, 희생이 전제될 때만 가능한 것이다.

이상엽은 사진가다. 그는 원래 잡지사의 기자로 출발했지만 사진기자가 퇴사하는 바람에 사진을 찍게 되었고 사진가이자 작가의 삶을 살게 되었다. 그는 '사진은 늘 진실을 보여준다'는 통념부터 잘못된 것임을 이야기한다. 사진은 사각의 프레임 안에서만 진실일 뿐이다. 프레임 밖의 세계에 대해 사진은 아무것도 말해주지 않는다. 사진으로 가능한 한 진실에 가깝게 말하기 위해서는 무엇보다 오랫동안 가급적 많은 사진을 통해 현장을 기록해야 한다. 그가 4대 강의 진실을 담기위해 전국의 강과 보를 돌아다니며 10만 컷 이상의 사진을 찍은 까닭이다. 그는 전 국민이 스마트폰 카메라를 갖게 된 지금, 대부분의 카메라가 자신을 향한 '셀카'용으로 사용되고 있는 것은 문제라고 생각한다. 카메라라는 언어를 통해 다른 사람, 혹은 세상과 소통하기 위해서는 렌즈의 방향이 자신이 아닌 바깥을 향해야 한다고 믿는다. 사진가 이상엽은 10여 년간 분쟁 지역을 찍기도 했고 1년, 2년씩 하나의 주제를 장기 취재하기도 했다. 이런 경험을 통해 사진이 갖는 기록의 의미를 깊이 이해할 수 있었다. 최근 그는 '변경과 변방'이라는 주제에 천착하고 있다. 변경은 거창하고 강력한 중심에서 멀리 떨어진 곳, 요컨대 보통 사람들이 살아가야 하는 삶의 현장이다. 비정규직 노동자의 삶을 사진으로 기록하고 그들의 언어를 글로 남기는 일도 그가 하고 있는 중요한 작업 가운데 하나다. 그는 사진이 역사를 기록하는 공공 아카이브가 되어야 한다고 믿는다.

이원재는 시민단체 '문화연대'에서 오래 활동해온 문화운동가다. 그는 자신이 몸담아온 문화연대의 지향과 활동 방식을 통해 문화의 의미를 새롭게 보는 시각을 전해주었다. 모든 것이 상품화되고 기계화되는 자본주의 사회에서 문화 예술은 인간적 가치를 지킬 수 있는 가장 중요한 영역이다. 근대화 이후 상품화·전문화 과정을 밟으며 사람들의 일상적 삶에서 멀어졌던 예술을 다시 일상의 영역으로 옮겨오는 건 매우 중요한 의미를 갖는다. 최근 문화연대를 비롯한 많은 단체와 예술인들에 의해 예술의 일상화, 예술을 통한 도시 재생, 마을 만들기 같은 작업이 관심의 대상으로 떠오르고 있는 까닭이 그것이다. 예술이 일상과 삶의 현장 속으로 들어오면서 예술노동이라는 화두가 부상했다. 다른 노동과 달리 계량화하기 어려운 예술노동의 특성 때문에 열정 착취의 문제도 빈번하고 소득 불평등과 빈곤의 문제도 심각하다. 또 '예술은 가난한 것'이라는 식의 이데올로기가 여전히 예술노동의 정당한 사회적 대우를 가로막는다. 이런 현실에서 벗어나 예술노동의 정당한 사회적 가치를 인정받게 하는 것이 요즘 문화연대가 열정을 쏟는 일 가운데 하나다. 기술이 발전하면서 사회와 예술의 접점은 점점 더 넓어진다. 전문적인 예술가만이 아니라 일반인 누구나 예술을 통해 삶의 가치를 만들 수 있다. 평범한 일상 공간 속에 예술의 생태계가 풍부하게 꽃피울 수 있을 때 우리의 삶은 더욱더 풍요로워진다.

서대문자연사박물관장을 역임하고 현재 서울시립과학관 관장으로 있는 이정모는 과학적 지식을 알기 쉽게 풀어주는 탁월한 강연자이자 저술가다. 그는 지구상에 살아온 생물의 역사 속에서 되풀이되어온 수많은 멸종의 과정을 이야기한다. 그에 따르면 멸종은 자연스러운 것이며 결코 슬퍼할 일이 아니다. 멸종을 통해 새로운 종의 출현과 진화가 가능해지기 때문이다. 우리가 두려워해야 할 것은 대멸종이다. 지구의 역사에서 다섯 번 진행된 대멸종에서 최고 포식자는 모두 사라졌다. 산업혁명과 함께 여섯 번째 대멸종의 역사가 시작되었고 지금 최고 포식자는 다름 아닌 인간이다. 지구와 생명, 인류의 역사에 대한 지식이 필요한 이유는 그것을 통해 인간의 가치와 의미를 좀 더 분명하게 알 수 있기 때문이다. 46억 년이라는 지구의 장구한 역사 속에서 인간이 등장하고 문명을 이루며 산 것은 고작 1만 년 내외의 지극히 짧은 시간이다. 신석기시대부터 산업혁명 전까지 멸종한 동물보다 산업혁명 이후에 멸종한 동물이 더 많다. 짧은 기간 지구를 점령하고 자연을 파괴해온 인간에 의해 대멸종의 위기가 시작된 것이다. 인간이 환경과 생명의 문제에 책임감을 느끼고 생태의 복원을 위해 노력해야 하는 까닭이 거기에 있다. 인간은 자연의 아름다움을 느끼고 생명체의 이름을 붙여줄 수 있는 유일한 존재다. 인간의 생존은 단지 인간만의 문제가 아닌 것이다.

이 책의 출간을 앞둔 지금 한국 사회는 대단히 놀라운 변화의 흐름 속에 있다. 연인원 1,500만 명이 넘는 시민의 촛불 행진은 결국 대통령을 탄핵시켰고 새로운 정치 질서를 탄생시켰다. 이 엄청난 사건이 결국 역사의 적폐를 청산하고 완전히 새로운 사회로 나아가는 계기가 되리라 섣불리 예단하긴 어렵지만 적어도 한국 사회를 수십 년 전으로 후퇴시키려는 시도가 더 이상 용납될 수 없다는 사실은 분명해진 것으로 보인다. 이 놀라운 변화의 과정에서 청년 세대가 겪은 역사적 경험은, 과거 세대에게 1980년 5월이나 1987년 6월의 경험이 그랬던 것처럼 결코 잊을 수 없는, 삶의 중요한 변곡점으로 기억될 것이다. 물론 새로운 정부가 출범했다고 당장 청년 세대의 삶이 개선되고 미래가 밝아지리라 볼 수는 없다. 그들 앞의 시간은 여전히 수많은 함정과 곤경으로 가득한, 예측하기 어려운 불안의 시간일 수밖에 없다. 여전히 지식의 창고를 채우고 지혜의 샘을 찾는 노력은 중요할 수밖에 없다. 이 책에 실린 아홉 분의 이야기가 불안의 시간을 헤쳐나가는 데 어떤 식으로든 도움이 되길 바란다.

더 이상 책을 읽지 않는 시대라고들 한다. 스마트폰으로 검색만 하면 세상의 모든 정보가 바로 뜨는 시대에 이 번거롭기 짝이 없는 아날로그 정보 매체의 설 자리가 좁아지는 건 어쩌면 당연한 일인지도 모른다. 하지만 책은 그 어떤 디지털 정보도 따라올 수 없는 고유한 질감을 갖고 있다. 디지털 이미지처럼 쉽게 휘발되지 않고 우리의 시각, 촉각, 후각에 흔적을 남기는 특유의 물성이야말로 책의 가치가 결코 사라지지 않는 까닭이다. 이 책은 말하자면 한참 전에 공중으로 흩어져버린 강연자들의 언어를 책이라는 물성 안에 가둠으로써 사라지지 않게 한 것이라 할 수 있다. 가급적 많은 독자가 이 책을 통해 아홉 분의 강연자가 던진 언어의 물성을 느껴보면 좋겠다.

김창남

차례

가치와 상식이 어우러질 때

김영현

김영현

너와 나의

문화거리

공공문화개발센터 유알아트 대표. 설치미술과 무대미술, 페스티벌 미술감독 등으로 활동했고 공동체적 예술 프로젝트를 진행했다. 현재 대한민국 테마여행 10선의 PM을 맡고 있으며, 성공회대학교 문화대학원과 사회경제대학원의 겸임교수로 재직 중이다. 지은 책으로 『유알아트의 당신도 예술가』 등이 있다.

○○○○

문화 영역에 있는 사람들, 다른 지역의 사람들과 이야기를 주고받다 보면 의기투합하는 경우도 있지만 서로 어긋나기도 합니다. 그럴 때마다 저는 각자의 관점이나 태도, 경험의 차이가 우리를 충돌하게 만드는 게 아닌가 하는 생각이 듭니다.

동양화를 전공한 저는 학부를 졸업하기까지 13년, 대학원을 마치기까지 11년이 걸렸습니다. 현재 저는 유알아트URArt 라는 단체를 운영합니다. You Are Art, 즉「당신도 예술가」라는 프로그램을 만들어왔습니다. 1999년에 처음 시작할 때에는 사회적 반발이 무척 심했습니다. '아니, 개나 소나 그림 그려?'라는 반응이었지요. 예술을 하향 평준화시키고 그 가치를 떨어뜨린다는 것이었습니다. 하지만 지금은 이런 것들이 보편화·일상화되었고 정책적으로도 반영되었죠. 예술이 보편화되면 예술가들의 역량도 더 많이 보여줄 수 있거든요. 그러면 삶의 영역이 예술이 되고, 예술의 가치가 더 존중받을 수 있습니다. 예술강사제도를 잘 운용하면 일자리 문제까지 해결할 수 있지요.

2008년에 어느덧 유알아트의 활동이 10년이 지나 조직 안식년을 갖기로 하고 1년간 여행을 떠났어요. 여행은 유알아트 10년의 시간 이후 새로운 방향을 찾아가기 시작하는 계기가 됩니다. 사실 예술은 별다른 게 아니라 관계를 만드는 것이라 생각했지요. 전라남도 담양군 창평면에 가면 우리나라 최초의 슬로시티가 있는데, 그곳에서 활동한 이야기를 들려드릴게요.

새로운 관계 만들기

창평 슬로시티의 외동마을은 평지보다 평균온도가 3도쯤 낮은 산골 마을입니다. 주민은 대부분 혼자된 할머니들인데, 장수마을로도 널리 알려진 이곳에 달팽이학당을 만들었어요. 그 이름을 달고 프로그램을 진행하려 했죠. 처음에 기록영상을 촬영할 때만 해도 할머니들은 벌모레 죽을 사람을 뭐하러 찍느냐고 손사래를 쳤어요. 그런데 저는 할머니들과 프로그램을 만들어갈 수 있겠다 싶었습니다.

제가 찾아갔을 때 밥상을 차려주었는데 무척 맛났어요. 그 맛에 반해 산나물과 농사지은 것들은 어떡하느냐고 묻자 버스를 타고 한 시간이나 걸리는 시장까지 나가서 판다고 했습니다. 그런데 요즘은 시장에서도 중국산인지, 할머니들이 직접 수확했는지 알 수 없어서 잘 팔리지 않아요. 그러다 보니 팔다 남은 건 옆의 상회에 떨이로 넘기고 돌아오기 일쑤였답니다. 결국 할머니 주머니에는 2만~3만 원밖에 남지 않는다네요.

이런 사정이 너무 아쉽고 안타까웠어요. 그래서 만든 프로그램이 「산골밥상」이었습니다. 사람들이 이곳으로 직접 찾아오게 해서 팔아보자는 것이었지요. 일단 참가자 30명을 모은 다음, 5인 1조로 할머니들과 밥상을 차려 나눠 먹고 동네 할머니들을 돌아가면서 대접하기로 했어요.

이 프로그램을 시작하고 몇 주가 지나자 처음에 그토록 귀찮아하던 할머니들이 자기 조의 사람들을 자기 밭으로 데려가는 거예요. 그러고는 빨갛게 익은 고추를 모두 따게 하고, 장작까지 가져와 패게 했어요. 이런 일을 하면 고추나 팥 같은 곡식을 나누어 주고요.

사람들은 그런 일들을 즐겁고 재미나게 하더라고요. 그러면서 새로운 관계가 형성되었어요. 함께하는 시간 동안 화기애애한 이야기를 주고받으면서 서로 친밀해졌지요. 그게 무척이나 만족스러웠는지 프로그램 참가자들이 개별적으로 다시 오면 안 되느냐고 물어보기도 했어요. 이것은 곧 집단의 관계가 아니라 개인의 관계로 발전한 거예요. 요즘 도시 생활에서는 이런 게 없잖아요.

지금은 할머니들이 농산물을 팔러 다니지 않습니다. 참가자들은 1인당 1만 3,000원씩을 냅니다. 30명 39만 원, 그리고 사람들이 돌아갈 때 평균 60만 원 정도의 농산물을 사갑니다. 그러다 보니 옆 마을에서도 농산물을 팔아달라고 요청해와요. 그러면서 시장의 형태가 만들어지기 시작했습니다.

어느 날 그 산골 마을 할머니들이 슬로시티 사무실이 있는 면으로 내려옵니다. 그런데 할머니들이 이구동성으로 이장을 혼내주라는 겁니다. 왜 그러시느냐고 묻자 막무가내로 나쁜 사람이니까 빨리 혼내줘야 한다는 거예요. 잠시 뒤 흥분을 가라앉힌 할머니들의 마음을 읽을 수 있었습니다.

「산골밥상」사람들이 돌아가고 나면 이장이 주머니에서 돈을 꺼내 할머니들에게 나누어 줍니다. 재료비를 제하고 한 사람당 4만 원씩. 아니, 그런데 왜 할머니들이 화가 났을까요?

그 속내를 들여다보았습니다. 할머니들이 가끔 손주와 며느리에게 놀러 오라고 전화를 겁니다. 그러면 하루 종일 할머니나 시어머니가 도시 사람들과 함께하는 모습을 볼 수 있습니다. "할머니 선생님!" 처음에 저는 할머니들에게 '강사비'라고 쓴 봉투에 돈을 넣어 드렸습니다. 그러면 할머니들이 그 봉투를 은근히 내보이면서 손주와 며느리에게 1만 원씩 빼내어 주었습니다('강사비'라는 글씨가 보이게끔 해서). 그런데 이장이 돈만 건네주니 화가 날 수밖에 없었던 거죠. 할머니들은 '일당'이 아니라 선생님 노릇을 한 '강사비'를 받고 싶었던 겁니다.

우리는 돈의 액수로 환산하여 가치를 평가할 뿐, 어떤 가치가 있는 돈인가에 대해서는 이야기하지 않습니다. 할머니들에게 그 4만 원은 '강사비'라는 자부심이자 자존감이었지요. 며느리 앞에서 한결 더 당당한 모습을 보일 수 있는데다 손님들도 '할머니 선생님'이라 부르고, 할머니들 스스로도 선생님이라고 생각하면서 사시는 데 남다른 의미를 두고 있는 것이죠. 이처럼 돈에도 다른 가치, 다른 의미가 있다는 것을 몸으로 보여준 할머니들.

오늘을 사는 저에게 많은 메시지를 남겨주었습니다. 우리에게 일의 가치를 다른 각도에서 바라보게 합니다. 돈의 액수가 아니라 관계와 존재의 가치를 보고 일하는 것이 중요합니다.

비우고 인정하는 것

「당신도 예술가」라는 프로그램이 돈이 된다고 생각한 적은 한 번도 없습니다. 그냥 하고 싶었습니다. 무대미술을 하다가 한때는 벤처기업 테마파크에서 일했습니다. 그러다가 이 일을 시작해야겠다고 마음먹었는데, 문득 내가 하고 싶은 일을 하려면 나에게 버킷리스트가 아닌 포기 리스트가 있어야겠다는 생각이 들었어요. 이걸 하려면 무언가를 포기해야 할 것만 같았지요. 지금은 물론 스스로 포기하는 게 아니라 포기할 수밖에 없는 구조이긴 하죠. 삼포니 오포니……

우선 돈을 포기하기로 했어요. 그러다 보니 경조사에 가는 일이 없어졌어요. 연애도 끊어지고 결혼도 포기하게 되었어요. 이 기본적인 몇 가지만 포기하니까 내가 할 수 있는 게 정말 많아졌어요. 방향성과 지향하는 바가 생겼는데, 그러면서 꿈꾸지 않던 것이 만들어지기 시작했습니다. 이런 정리도 어느 정도 필요하다고 생각해요.

「당신도 예술가」라는 프로그램이 처음에는 잘 받아들여지지 않았어요. 2000년 봄이었는데 지원해주는 기관에서도 "예술 하는 사람을 지원해주기도 힘든데 당신같이 노닥거리는 사람을 지원해줘야 하냐"고, 예술을 하향 평준화시킨다고 말했어요.

하지만 일단 시작한 뒤에는 많은 사람들이 관심을 가져주고 참여해주었어요. 하루에 500명이 모여 만들어내는 집단 창작성은 어마어마했어요. 처음에는 작가들의 작품을 전시하고, 「당신도 예술가」에 참여하는 사람들이 만든 것을 전시했어요. 나중에는 프로그램 참여자들의 것이 더 다양하고 재미있어서 작가들의 작품을 빼야 하는 상황에 이르렀어요.

사실 혼자보다 같이 만들면 진화하는 속도가 더 빨라져요. 한 사람의 창작력이 개인에 한정되면 개인의 가치로 머물 뿐이지만 다른 사람들과 공유하면 사회적 지식, 즉 공유지가 됩니다. 그러한 점을 「당신도 예술가」가 보여주었지요. 집단 창작의 과정을 보면서, 사람들이 문화에 대해 말하는 것이 곧 집단적 문화를 만드는 것이라는 생각이 들었어요. 시대와 지역의 문화를 만들어간다는 것은 어떻게 가능할까요?

달팽이학당은 할머니들과 같이 밥을 먹는 것이죠. 한번은 할머니들과 식사를 하려는데, 저쪽에서 꼬마들이 먼저 밥을 먹는 거예요. 그 모습을 본 할머니가 숟가락으로 아이의 손등을 때리면서 "이놈, 어른보다 먼저 버릇없이……"라고 말했습니다. 아이가 알고 있는 상식과 할머니의 상식이 서로 다른 것이죠. 아이는 밥 먹는다고 혼난 것이 처음일 거예요. 상상해보지 못한 일을 경험한 것이죠. 아이는 식사를 할 때도 순서가 중요하다는 걸 이제야 알게 되었는데, 이런 상식의 차이에서 문화의 차이가 발생하는 것이 아닐까요. 그 차이를 좁히는 것이 동시대의 문화를 만들어가는 것이라 생각합니다. 현재 같은 지역, 같은 공간에 있다고 같은 문화를 공유한다고 할 수 있을까요? 이렇게 상식이 다른데…….

「산골밥상」을 진행할 때 저는 "할머니가 알려주지 않으면 애들은 정말 모를 거예요. 정말 좋은 선생님이에요"라고 얘기했어요. 그러고는 "할머니 손주한테도 그런 적 있어요?" 하고 묻자 할머니가 당황하는 거예요. 그런 적이 없었던 거죠. "근데 왜 그러셨어요?" 하니까 "나도 모르게……"라고 말했어요. 이런 '나도 모르게'라는 게 바로 그분들의 문화인 거죠. '그렇다면 모든 세대가 어우러지는 문화가 형성될 수 있을까?', '이렇게 상식의 차이부터 좁혀야 문화권이 형성되지 않을까?'라는 생각이 들었어요.

현재는 「산골밥상」 프로그램을 진행하지 않습니다. 할머니들이 연로한데다 돌아가신 분도 있고, 젊은 사람들이 마을로 유입되지 않으니까요. 사라져가고, 이런 기억이 기록되지 않는 것이 문화의 사라짐은 아닐까요.

일관된 기획의 힘

「당신도 예술가」는 2004년부터 개인 창작, 공동 창작, 나눔 창작으로 분류하여 진행했습니다. 개인 창작은 만들어서 본인이 가져가고, 공동 창작은 같이 만드는 것이고, 나눔 창작은 만들어서 하나는 나누어 주고 하나만 가져가는 것이에요.

나눔 창작으로 천연비누를 만들어 하나는 내가 가져가고 하나는 지하철역에 기증하겠다고 했는데, 그 의도가 좋았는지 500명이나 참여했습니다. 그런데 나중에 보니까 45개만 기증되고 455개는 사라진 거예요. 누군가가 가져가지는 않았을 텐데…… 그렇다면 '왜 사람들이 기증하지 않고 가져갔을까?' 하는 의문이 들었어요. 그 광경을 가만히 지켜봤어요. 사람들이 길게 줄을 서 있고, 천연비누를 만든 다음 이제 기증하기 위해 포장을 하러 가야 하는데 어머니들이 자기 아이를 붙잡는 거예요. 어머니 딴에는 가족들이 기증할 것을 모으면 2만 원쯤 되는데 왠지 뺏기는 것 같다는 생각이 드나 보더군요. 기증해야 한다는 아이와 승강이까지 벌이면서요.

무언가를 기획할 때 그 의도가 아무리 좋아도 실행 과정에서 문제가 생겨요. '나중에 그 아이가 이 프로그램의 좋은 의도를 기억하지 못하면 어떡하지?', '내 의도와 다른데 어떤 교육이 이루어지는 거지?' 하는 생각이 들었어요. 이런 현상에 어떻게 대처할지를 논의했는데, 자원 활동을 하는 어머니들이 "대표님은 엄마를 모르는 거예요. 당연한 거예요"라고 얘기했어요.

저는 이렇게 당연하다고 생각하는 것을 다시 보게 하는 것,

그것이 바로 문화라고 생각해요. 그래서 궁리 끝에 방식을 바꿔보았어요.

천연비누는 주로 두 가지 방식으로 만듭니다. 처음에 우리는 부어서 굳히는 방식을 택했는데, 이번에는 빻아서 가루를 만드는 방식으로 바꾸었습니다. 포장박스도 바꾸고 기증하는 복지관이나 지역사회의 기관들이 자기 단체나 기관의 활동을 알리는 장을 만들어주었어요. 아이들에게 "어디에 기증하고 싶니?"라고 물으면 "장애인 복지관이요", "노인 복지관이요" 하고 대답해요. 그리고 절구에 있는 비누를 직접 빻아 만들면서 의미나 생각을 담습니다. 아이들에게 물으면 그 대답도 제각각입니다.

"어떤 아로마 오일을 쓰고 싶니?"

"저는 감기에 걸려서 페퍼민트로 했어요."

"그럼 어떤 걸 만들어서 기증하고 싶어?"

"저는 할머니들 혈액순환에 좋은 어성초 가루로 할 거예요."

이렇게 다른 방식으로 바꾸기 시작하자 바로 450개 정도가 기증되었어요.

이제 되었나 하고 안심하고 있는데 다른 문제가 생겼어요. 본인이 만들어 가져가려고 했던 비누를 놓고 가는 거예요. 기증하려던 건 예쁘고 자신이 가져가려고 만든 건 예쁘지 않으니까 바꿔서 가져가는 거죠. 또다시 기획 의도에서 벗어난 것입니다. 사람들은 어쩔 수 없다고 말하기도 하지만, 무언가를 기획하고 만든다는 것은 기획자의 의도가 전달되고 행위로 나오도록 하는 것이죠. 어쩔 수 없다는 말이 너무 쉽게 나옵니다. 그러면 기획 의도가 퇴색하고 그 의미가 사라집니다. 가치를 만드는 것은 끝까지 갔을 때 감성과 태도의 변화를 이끌어 내는 것입니다.

다시금 기증 방법을 바꾸었어요. 작은 카드를 적게 했습니다. '할머니, 여기에는 어성초 가루가 들어가 있어요. 혈액순환에 좋대요. 몇 월 며칠 누구누구 드림'과 같은 식으로요. 자신을 드러내고 확인하는 과정에서 누군가에게 주고 싶은 마음이 생겨나고, 어떤 마음으로 넣었는지가 담기는 것이죠. 그렇게 쓰고 나니 예쁘지 않다고 바꿔가는 경우도 없어졌어요. 저는 어떤 기획이든 그 의도를 끝까지 관철하는 것이 무척 중요하다고 생각합니다.

또 이렇게 주니까 받는 사람들도 더욱 각별한 의미를 갖게 됩니다. '문화 나눔이란 이런 것이구나' 하고 경험하도록 만드는 방식이죠. 무언가를 기획한다면 자신의 의도를 유지하는 것, 즉 어떤 문제가 생겼을 때 용인하거나 스리슬쩍 넘어가지 않고 끝까지 방법을 찾는 태도가 중요합니다.

천연비누 만들기 또한 보통의 만들기 프로그램으로 진행할 수도 있었습니다. 하지만 이렇게 누군가에게 기증하는 프로그램으로 관철하고 나니까 그 의미가 각별해지고 한 걸음 더 나아가게 되었어요. 아이들이 돌아갈 때 장애인 복지관의 팸플릿을 가져가기도 하고요.

문화도 밥은 먹어야 한다

한번은 어느 지역의 공부방 아이들을 만났어요. 현재는 지역아동센터이지만 그전에는 공부방이었지요. 처음에 그곳은 자생적 구조였는데, 지역아동센터가 생기고 정부가 지원해주면서 지역운동적인 것들이 사라지기 시작했습니다.

「신동엽의 러브하우스」에서 환경 개선 프로젝트를 진행할 때 공부방 안에 만들어놓은 여러 가지 장치나 장식들을 떼어버리고 싶어 했어요. 텔레비전에는 예쁘게 나왔지만 비효율적이었던 거죠. 그래서 텃밭이나 선팅 한지 벽화 등을 직접 만들기 시작했어요. 그런데 아이들이 "선생님, 이거 하면 우리한테 일당 줘요?"라고 물어보는 거예요. 그랬던 아이들이 조금씩 변하기 시작합니다. 그때까지만 해도 아이들은 다른 사람들의 눈을 피해 공부방에 드나들었어요. 낙인 효과와도 같은 것이었겠죠. 하지만 직접 만들고 꾸미면서부터는 당당하게 오갔어요. 어느 해부터는 공부방들이 일일주점을 하여 겨울 난방비를 마련했는데, 아이들이 자신들은 도와줄 만한 게 없으니까 문화제를 열자고 제안했어요. 어른들의 보살핌의 대상에서 스스로의 역할을 찾아가는 시간이 만들어지는 것을 보게 된 시간이었지요. 2003년부터 시작한 「작은 예술가」는 2005년부터 문화예술교육의 주 대상지가 공부방이 되면서 혼란과 어려움이 생깁니다. 대부분 자원활동가인 우리 선생님들한테 아이들이 물어봐요.

"선생님들은 우리 때문에 먹고사는 게 맞지요?"

아이들은 순수한 자원봉사와 일을 구분하지 못할 수밖에 없었으니까요. 지금도 그때 같이했던 선생님들에게는 아픈 마음이 여전합니다. 일이 어떤 가치를 만들어내는지를 보지 않는 것이 문제입니다. 가치를 되돌아보지 못하는 것이지요. 그러한 일을 겪으면서 많은 사람들이 이렇게 왜곡되거나 오해를 받겠구나 하는 생각이 듭니다.

2014년 경복궁 앞에 있는, 시각장애우들이 다니는 서울맹인학교를 보면서 궁금해졌어요. 지팡이 하나에 의지해 버스를 타고 다니는 아이들을 보게 된 것이었어요. 기특한 마음이 드는 한편으로 궁금해졌어요.

'얘들은 학교에서 무엇으로 공부할까? 우리는 책을 보며 공부하는데 얘들은 무얼 가지고 공부를 하는 거지?'

그 답은 엄청나게 크고 두껍고 하얀 면에 점만 올라와 있는 책이었어요. 그 점이 글씨인데 손으로 만져서 읽는 거죠. 또 이런 생각도 들었어요.

'얘들은 저 책으로 세상을 만날 수 있을까?'

시각장애인용 점자 그림책은 많지 않았어요. 일본에서는 천으로 만드는 책과 실크스크린 기법을 활용한 질 좋은 책이 많은데, 주로 자원봉사자들과 출판사들이 그 일을 하고 있었어요. 그런데 우리나라에서는 왜 그러지 않는 걸까? 출판사와 문화체육관광부를 찾아가 물어보니 돈이 안 되고 만들 사람이 없다고 답변했어요. 하나의 사각지대인 거죠.

이런 현실을 보면서, 그 아이들이 책을 통해 학습과 교육의 현장에서 동등한 출발선에 서야 한다고 생각했어요. 그림 작가 20명을 모아 시각장애우를 위한 그림책을 만들기 시작했어요. 거의 1년이 걸려서 만든 책을 한빛맹학교에 기증했어요. 그런데 한 달이 지나니까 하도 많이 읽어서 책이 너덜너덜해졌어요. 전에는 아이들이 선생님에게 "책 읽어주세요"했던 아이들이 이제는 친구들을 앉혀놓고 "내가 책 읽어줄게" 하면서 서로 책을 읽어줍니다. "여기 까슬까슬한 게 고슴도치야"하고요.

이것은 미술이나 예술 영역이 아니라 사회적 영역이었습니다.

물론 이런 출발선에서는 예술가들의 참여나 접근도 어려웠고 행정적 지원도 어려웠지만 과정과 결과는 사회적 반향과 반응을 만들어낼 수 있는 시간이었습니다.

　앞에서 제가 돈을 포기했다고 말했는데, 2000년에 스물세 번 정도를 진행하는「당신도 예술가」프로젝트에 지원해주는 예산이 300만 원이었어요. 그런데 2005년부터 우수문화교육으로 선정되면서 회당 평균 1,000만 원씩 지원받았어요. 프로그램이나 일의 가치가 다르게 인정받거나 계기가 되는 것은 당장의 일에서 답을 찾는 것이 아니라 꾸준히 자기 확신과, 가치 증폭의 방법과, 공유와 공감의 방법이 더 중요하다는 생각을 갖게 되는 사건이었습니다. 그 돈을 모아 2008년에 결산해보니까 2억 원쯤 되고, 안식년을 정하고 나서「빛을 만지는 아이들」프로젝트의 완결판을 만들어보겠다는 유알아트의 (촉각예술센터) 김지나 소장의 바람대로 그 돈 다 넘겨주고 저는 1년간 전국 방방곡곡으로 여행을 다녔어요.

　그러다가 마지막으로 프랑스에 갔어요. 예술의 나라에 가서 감명을 받을 줄 알았는데 별로 그렇지 않았어요. 오히려 마을 풍경, 식생활, 사람들의 모습 등이 더 문화적으로 와 닿았어요. 그와 달리 우리나라는 예술이 있고, 그 아래에 문화가 있고, 그 아래에 삶이 있죠. 예술과 문화가 수직적 구조인 건 아닐까 하는 생각이 들었어요. 우리는 문화의 토대에 대한 존중이 없는 게 아닐까, 삶을 토대로 하는 문화에 대한 존중과 인정이 그들이 만들어내는 문화의 향기가 되는 게 아닐까, 그 것이 이루어질 때 문화가 꽃피워지는 게 아닐까 싶었습니다.

더 넓고 다양한 세상을 향해

안식년이 끝난 뒤 지역으로 움직이기 시작했습니다. '인문 학 마을 만들기' 등 삶의 지혜와 기술을 전수하는 작업을 했어 요. 그러면서 무엇이 중심이 되어야 하는지를 고민했습니다. 우리가 무엇으로부터 시작해야 하는지, 무엇이 존중받아야 하는지 풀고 싶었어요. 「산골밥상」 할머니들을 만나는 것도 그런 일들 중 하나였어요.

경상북도 칠곡에서 '인문학 마을 만들기'를 진행하면서 놀 라운 경험을 했습니다. 이 프로젝트는 일상이 예술이고 사람 의 가치가 존중되는 삶을 만나게 해줘야겠다는 생각에서 시 작한 것이었어요. 2013년부터 시작한 인문학 마을은 2014년 에는 14개 마을이 되었습니다. 그해에는 낙동강변에서 경상 북도 평생학습박람회가 열렸습니다. 물론 인문학 마을은 모 두 참여하기로 했어요.

그중 한 마을에서 할머니들에게 그림을 가르쳐주는 과정이 있었어요. 그 마을은 인문학 마을을 시작한 지 3개월밖에 안 되었지만 박람회에 나가야 하는 상황이었어요. 그런데 다른 마을은 모두 박람회에서 진행할 프로그램이 있는데 그 마을은 그림을 배운 지 3개월밖에 되지 않아서 마땅히 할 것도, 할 수도 없다며 박람회에 불참하겠다는 거예요.

그래서 할머니들을 설득하기 시작하며 다른 사람들의 초상화를 그려주자고 제안했지요. 처음엔 굉장히 반대했어요. 그럼에도 한 달간 할머니들에게 초상화 그리는 법을 가르쳐주게 했어요. 그러고는 박람회에 나갔는데, 군수를 비롯해 많은 사람들이 2,000원씩 들고 할머니들에게 초상화를 그리려고 줄을 서는 거예요. 지금은 축제 때마다 불려 다닐 만큼 인기를 끌고 있지요. 낙동강변 인문학 마을 존에 천막을 치고 천막 아래에다 멍석을 깔아놓고 사람들이 찾아오면 할머니들이 초상화를 그려주는데 10분 정도 걸려요. 그 시간 동안 서로 이야기를 주고받고요.

한번은 할머니가 딸 넷을 데려온 젊은 엄마에게 "딸 가지면 비행기 타고 아들 가지면 리어카 탄다"더라고 한마디를 건넸어요. 그 말을 듣자 조금 뜸을 들이던 아주머니가 하는 말, "애 아빠가 삼대독자라예"라면서 눈물을 글썽였습니다. 그 말을 듣고 잠시 멍하니 있던 할머니가 "아야 그 모진 세월을 우찌

견딘노? 아이고, 아야 울지 마라, 울지 마라"면서 그동안 잘 버텼다며 위로해주고 공감해주는 거예요. 그러고는 초상화가 그려진 종이 위에 '내년엔 꼭 아들 데리고 오기라' 하고 꾸불꾸불한 글씨로 써 넣고는 할머니의 낙인을 찍어 그림을 건네주었습니다. 아이 엄마에겐 그 그림이 마치 부적처럼 느껴지는 거죠. 이 할머니들이 "닮았지?" 하고 물어보면 그렇다고 대답할 수밖에 없는데, 그보다 중요한 건 그 한마디를 써주는 것이었어요. 화가처럼 똑같이 잘 그릴 수는 없어도 칠십 평생을 살아온 할머니의 연륜이 묻어 있는 덕담 한마디가 사람들을 감동시키고 그림 그리는 그 잠깐의 시간이 더 중요하고 값진 것이겠지요. 이 프로그램의 제목은 '할매 화가들의 덕담 초상화'.

예술은 누구나 할 수 있어야 하는 것입니다. 특별히 뛰어난 사람들만 하는 게 아니라 보통의 사람들도 할 수 있는 거죠. 각자가 할 수 있는 예술의 가치와 의미는 다른 거겠지요. 지금은 누군가가 하는 것을 돈으로 사거나 보기만 하면 되는 것 같아요. 내가 하는 게 아니라요.

모든 동물은 종족 번식을 위해 대개 아름다움이나 강함을 추구하게 됩니다. 아름답게 피어나는 꽃과 향기로 벌과 나비를 불러들이고, 멋진 수꿩은 찬란한 깃털과 색으로 암꿩들을 유혹하고, 아름다워지려고 하는 것은 본능이에요. 인간도 마찬가지입니다. 아름다움을 추구하는 방법으로 인간은 예술을 만들어냈어요. 그런데 자본주의 세상이 되면서 예술에 경계가 쳐지기 시작한 것이죠. '이건 네가 안 해도 돼', '잘하는 사람이 한 걸 보고 사면 돼'가 된 거죠. 하지만 내 삶에서 예술적 감성과 문화적 태도를 갖는다면 예술적 삶의 본능을 되살릴 수 있지 않을까요.

서로 달라도 함께한다는 것

어느 할머니가 들려준, 가슴속 깊이 와 닿는 이야기가 있었습니다. 젊어져서 다시, 더 살고 싶다는 것이었습니다. 나이가 들면 역할이 없어져요. 그러면 사회에서 보호를 받아야 하는 대상이 되게 마련인데, 이분들은 내가 무언가를 더 하고 싶다고 얘기하는 거죠. '정말 그거면 되는 게 아닐까'라는 생각이 들었습니다.

지역 어르신을 만날 때마다 처음엔 귀찮아하고 '그냥 이렇게 살다 갈게' 합니다. 지금 우리는 60세가 지나면 사회적 역할이 없어지는 시대를 살고 있어요. 이러한 관계를 재설정하지 않으면 사회복지 비용이 늘어나고, 그 짐을 져야 하는 젊은 세대는 힘이 들 겁니다. 이제는 60이 끝이 아니라 그 역할을 재설계해야 하는 시기입니다.

우리의 조상은 호모 사피엔스이고 뇌 용량이 1,400cc인데, 네안데르탈인은 뇌 용량이 1,600cc이고 체격도 더 컸어요. 그런데 왜 호모 사피엔스는 살아남고 네안데르탈인은 멸종했을까요?

그에 관한 학설들 중 하나는 네안데르탈인이 직계가족만으로 집단을 형성했기 때문이라는 겁니다. 30명 정도만 모여 살았던 것이죠. 그러면 힘이 있는 사람을 중심으로 생활하게 되고, 노인도 두세 명 정도밖에 없지요. 한편 호모 사피엔스는 마을 단위로 집단생활을 했습니다. 그러다 보니 노인은 아이를 키우고 젊은 사람은 일을 하는 형태를 갖추게 되었죠. 부모와 자식은 상극이고, 할아버지 할머니와 손주는 상생이란 말이 있어요. 각자의 역할이 분담되고 그 역할을 하면서 마을이 만들어지게 되었죠. 네안데르탈인은 직계가족 외에는 남이니까 식인 활동을 하기도 했고, 그러면서 발전하지 못하고 멸종되었다고 합니다.

어쩌면 요즘 우리도 그렇게 살아가는 게 아닌가 싶습니다. 더불어 살아가기보다 내 자식만 1등이면 된다는 시대에, 그러한 시대의 조류에 대항하는 삶의 방식에 대해 고민하게 되었어요. 비록 자본이 지배하는 세계이지만 우리 스스로 살아가는 방식을 택할 수는 없을까 생각하게 되었어요.

　제가 20~30대일 때는 청소기가 없었는데, 그 뒤 세 대 정도 샀어요. 그런데 요즘은 사람들이 로봇청소기를 사려고 합니다. 우리가 선택하는 게 아니라 자본이 선택하는 것을 우리가 소비해야 하는 시대라는 말입니다. 그런데 일본에는 10만 원짜리 명품 빗자루가 있어요. 이걸로 청소하면 건강해지고 자연을 보호할 수 있다는 거예요. 이런 것처럼 전공 분야는 서로 다르겠지만, 어떤 것을 선택하고 어떻게 살 것인가를 생각하는 비전이 있으면 좋겠습니다.

　우선 먹고살아야 하니까 돈을 벌어야 하지 않느냐고, '인문학 마을 만들기'를 하면서 돈이 되냐는 얘기를 많이 들었어요. 그런데 일반적인 노동을 통한, 또는 투기나 투자를 통한 돈의 가치보다 삶의 가치가 돈이 되는 시간의 경험도 가능합니다.

　시골 할머니들에게 한글을 가르쳤어요. 그리고 시를 쓰게 했어요. 할머니들이 쓴 시들 중에 「영감」이라는 시가 있는데, 이런 내용이에요.

　　젊었을 때는 집보다 술집에 있는 시간이 많았네.

　　나이 먹으니 집에 있는 시간이 더 기네.

　　지금은 할멈이 제일 좋다고 하네.

인문학 마을 중에서 숭오리라는 마을의 특산물은 단감이었고, 단감 축제가 전부였어요. 2년이 지나 3년차에 접어든 마을인데도 도통 중심이 잡히지 않는 겁니다. 인문학 마을 사업을 시작하기 전에 「생각밥상」 프로그램을 하기 위해 동네 분들이 모이기 시작합니다. 동네 이장님의 마을 방송을 듣고요. 시골 동네는 마을회관에서 이장님이 마이크를 들고 말씀하시면 동네 곳곳에서 듣고 움직이더라고요. 저도 회관 밖에서 마이크 소리를 듣고 모여드는 마을 분들에게 인사하면서 생각해보았습니다. '동네 사람들에게 밥을 먹여주는 마이크 소리.' 그때 시 쓴 할머니를 보고 언뜻 아이디어가 떠올라 시 낭독을 부탁드렸어요. 그리고 동네 분들에게 이야기합니다.

"어르신들, 이장님 마이크 소리 듣고 식사하러 오셨지요?"

"그라제."

"그럼 우리 인문학 마을에서는 사람들은 밥을 먹고 동네 단감한테는 이 마이크로 매일 아침마다 할매 시를 들려주면 단감들이 시를 먹고 자라지 않을까요?"

그래서 우리 동네 단감은 "'시를 먹고 자란 단감!'이라고 하면 어떨까요?"라고 했더니 동네 분들의 반응이 뜨거웠어요. 시골도 이제는 농촌 교육이나 마케팅이나 6차 산업 등에 대해 알 만한 분들이 많아서인지 그게 좋겠다는 말씀들을 하십니다. 그런 중에 "아니, 사람도 삼시 세때를 먹는데 으찌 단감한테 한 끼만 멕이노? 아침, 점심, 저녁도 멕여야지" 하십니다. 그럼 아침은 생방송으로 하고 점심, 저녁은 녹음해서 들려주자고 하십니다. 그때부터 온 마을에 시가 울려 퍼졌어요. 그렇게 해서 만들어진 것이 '시를 먹고 자란 단감'이라는 브랜드입니다.

그렇게 몇 달이 지나서 마을 분들과 이야기하다가 "아니, 이 마을 단감들은 편식하네" 하고 한마디 했지요. "어떻게 할매 열댓 명이 쓴 시만 먹고 자라느냐고요"라고 말했더니 "그럼 우짜면 좋노?" 하시기에 백일장을 열자고 했습니다. 이제 동네에서 시는 만만하고 일상적인 문화가 되고 있지요. 어떤 분들은 '시를 먹고 자란 호박', '시를 먹고 자란 고추' 등 제각각 이름에 의미를 붙이기 시작합니다. 백일장 때 자신이 없으면 며느리와 손주들이 보내온 시로 대체하기도 하고요. 마을의 삶과 문화를 통합해가면서 공동체성을 만들어갈 때 자기일과 삶의 욕구가 만나는 지점을 발견하고 함께한다는 것의 의미는 매우 중요합니다. 이렇게 되니 단감이 새롭게 평가되고 다른 상품이 되는 거죠. 경제적 구조와 마을 브랜드를 함께 만들어가면서 문화가 경제적 영역과 만날 수 있는 노력도 매우 중요하다는 경험들이었습니다.

지금 진행하고 있는 것은 정릉신시장사업인데, 슬로건은 '신맹모삼천지교'입니다. 저는 시장에서 아이들을 키울 수 있고, 아이들이 공부할 수 있어야 한다고 생각해요. 시장 통로가 학교 통학로이고, 시장을 친근하게 만들어야겠다 싶어서 이 사업을 시작하게 되었지요. 마을형 시장인 정릉시장과 매주 토요일에 열리는 '개울장'에는 여러 곳에서 참여하고 있어요.

동네에서 오래 산 분들이나 젊은 사람들이 참여해서 정릉 시장의 풍경을 바꿔가고 있습니다.

어떤 일을 진행하다 보면 얼마나 많은 벽이 앞을 가로막는 지, 왜 상식적이지 않은지를 알게 됩니다. 그럴 때 집단의 힘, 집단의 문화가 필요합니다. 그리고 아닌 것은 아니라고 말할 수 있는 문화가 형성되면 변화가 일어납니다.

우리 사회에서 청년은 아주 중요한 자원입니다. 그런데 청 년 이야기를 할 때 청년 실업 같은 문제로 시작합니다. 저는 청년 가치, 즉 그들이 가지고 있는 가치로 출발해야 한다고 생 각합니다.

청년들을 바라보며 문제부터 떠올리지 말고, 그들이 어떤 가치를 갖고 있으며 무엇을 할 수 있는지에 출발점을 두어야 합니다. 문제부터 얘기하면서 어떻게 해줄까가 아니라 우리 가 선택할 수 있는 미래는 무엇이고, 오늘 우리가 무엇을 할 것이고, 우리의 문화는 어떤 것을 가지고 갈 것이냐고 물어봐 야 합니다.

그런 질문을 하다 보면 자기 삶의 포기 리스트가 필요할 수도 있어요. 그것이 의외의 결과를 낼 수도 있습니다. 또한 그들이 어떤 가치를 만드는가가 확인될 때 기회가 찾아옵니다. 연대의 가치, 상식의 공감, 배려 등 윗세대의 가치는 무엇이고 다음 세대엔 무슨 가치를 전달할 것인지를 이야기할 때 경제적인 풍요도 뒤따릅니다.

오늘날 70~80년 전의 것은 문화재라고 불립니다. 그렇다면 지금 우리 주변의 것들 중에 70~80년 후 문화재라 불릴 만한 게 있을까요? 전통이라 할 만한 게 있나요? 저는 이런 생각을 할 때마다 마음이 뜨끔해집니다.

지금은 상식과 문화적 단절이 너무 심합니다. 이 문제는 청년들이 해결할 수 있습니다. '도시 재생', '마을 만들기'는 모두 관계를 회복하기 위한 프로젝트입니다. 그리고 문화적 태도와 예술적 감성의 변화가 새로운 문화를 만듭니다. 나는 내 삶에 어떤 태도와 감성을 갖고 있는지 되짚어보는 시간이었기를 바랍니다.

그곳에 가면 가슴이 뛴다

김정환

김정환

다양한 현장에서 찍은 사진과 영상, 진정성이 묻어나는 기사로 수많은 네티즌들의 마음을 움직인 시사블로거이자 미디어몽구 대표다. 제1회, 대한민국 블로그어워드 올해의 시사블로거, 제1회 DAUM VIEW 블로거 대상 등을 수상했고 2012년부터 〈뉴스타파〉에서 선배 언론인들과 함께 뉴스를 제작하고 있다. 사람들의 생생한 목소리를 전하기 위해 오늘도 현장으로 발걸음을 옮긴다.

○○○

　저는 10년 동안 현장을 다니며 다양한 일들을 겪었습니다. 그러면서 느끼고 알게 된 세상 이야기를 해보려 합니다.

　1인 미디어는 우연히 시작하게 되었어요. 2005년 11~12월 즈음, 세상 물정 몰랐을 때입니다. 축구에 미쳐 살 때, 줄기세포 논란에 휩싸인 황우석 박사가 서울대병원에 입원했어요. 당시 저는 대학로에 있는 누나 집에서 얹혀살았습니다. 휴대전화에 카메라가 처음 생긴 때였어요. 저녁 9시가 되자 방송국에서 일제히 서울대병원을 생중계했어요. 집에서 서울대병원까지 걸어서 5분 거리였죠. 9시 뉴스에서 생중계하면 마감 뉴스에서도 다시 보여주었거든요. 내가 사는 동네가 텔레비전이나 영화에 나오면 신기하고 다시 가고 싶잖아요. 그런 마음으로 강아지를 데리고 산책 겸 간 거예요.

　강아지 이름이 '미디어몽구' 할 때 그 몽구예요. 처음에 강아지 이름은 뭉치였어요. '사고뭉치' 할 때 뭉치요. 그 강아지가 집을 나간 거예요. 대학로에 전단지를 붙였는데 결국 돌아오지 않았습니다. 그 뒤 같은 종을 입양했고 이름이 몽구였어요.

처음에는 포털사이트에서 '미디어'와 강아지 '몽구'를 조합한 이름으로 활동했는데, 강아지를 데리고 산책 겸 가면서 휴대전화에 달린 카메라로 계속 찍고 다녔어요. 병원 1층 정문부터 로비까지 찍은 거예요.

황우석 박사가 입원한 모습이 아니라 기자들이 취재하는 모습과 중계차 안의 상황을 찍어 블로그에 올렸습니다. 그게 이튿날 다음Daum 첫 화면에 노출된 거예요. 온종일 얼떨떨했습니다. 새로고침을 할 때마다 조회 수가 수백 개씩, 댓글이 수십 개씩 달리는(악성 댓글도 달리고) 등 생전 경험해보지 못한 하루를 보냈습니다.

그 이튿날에는 다음에서 특종이라며 돈을 주겠다고 연락해왔어요. 30분 동안 걸어서 한 일로 특종 상금 30만 원을 받았죠. 웬만한 아르바이트보다 훨씬 더 큰 금액이잖아요. '아, 이거 괜찮네!'라는 생각에 또 동네 소식을 올렸는데 특종이 되고, 또 다른 것도 특종이 되었어요. 짧은 시간에 큰돈을 벌어서 좋았습니다. 몇 번 하니까 다음에서 정식으로 제안했어요.

다음에서 「블로그 뉴스」를 시작할 때였거든요. 평소에 저는 부탁이나 제안을 받으면 잘 거절하지 못하는 편이에요. 그래서 해보겠다고 말했죠. 당시에 「블로그 뉴스」 서비스를 시작하면서 블로거도 현장을 취재하는 모습을 보여주고 싶다는 취지가 있었고 그 일이 나와 딱 맞아떨어진 거예요. 그렇게 우연히 시작하게 되었습니다.

언론인 미디어몽구의 도약

앞서 말했듯이 처음에는 상금 때문에 시작하게 되었고, 이후에는 대학로 소식을 올렸습니다. 대학로의 명소와 공연·행사 정보, 맛집 등을 올리다가 차츰 영역을 넓혀갔어요. 그러는 차에 동대문 신발 상가에 불이 났습니다. 집에서 뛰어가면 15분밖에 걸리지 않기에 언론보다 서둘러 블로그에 올려야겠다고 생각했어요. 그때 마음먹은 거죠.

'취재라는 걸 해보자!'

처음 찾아간 곳은 일본 대사관 앞, 위안부 피해 할머니들의 수요 집회였어요. 인터뷰를 한 분이 황동주 할머니였어요. 지금은 돌아가셨는데, 그때 당시 할머니는 일본 정부보다 한국 정부를 더 원망하고 있었어요.

"한국 정부는 우리가 빨리 죽길 바라고 있다."

이 말에 큰 충격을 받았어요. 세상 물정 모르고 특종 상금에 끌려 활동하던 때는 몰랐지만, 우리나라의 문제들 중 먼저 해결할 게 위안부 피해 할머니들의 명예 회복이라고 생각하게 된 계기가 되었어요. 할머니들에게 무슨 일이 생기면 가장 먼저 뛰어가고, 외국에 나간다고 하면 트위터로 모금해 비행기 일등석을 마련해주기도 했어요. 할머니의 목소리가 필요하다고 할 때는 앰프도 전달하고, 할머니의 발이 필요하다고 하면 모금해서 승합차도 마련해드리면서 활동하고 있습니다.

2006년 미디어몽구가 언론인에게 알려지게 된 게 상금을 노리지 않고 따낸 첫 특종이었어요. 당시 롯데월드에서 한 사람이 추락사했어요. 1주일간 폐장하고 안전 점검을 한 뒤 무료 개방으로 재개장했어요. 놀이기구는 아이들이 많이 찾는 곳이잖아요. 그날이 휴일이기도 하고요. 무슨 일이 생기지 않을까 걱정되어 다음 날 첫 지하철을 타고 가보았는데 아이들이 너무 많은 거예요. 개장 시각이 9시였는데 예정보다 30분 일찍 개장을 했어요. 서로 입장하려다가 압사당할 뻔한, 그 아찔한 상황을 휴대전화 동영상으로 촬영해 블로그에 올렸습니다. 그날 완전히 뒤집혔어요. 하루 동안 검색어 1위에 댓글이 5,000개, 조회 수가 100만이 넘은 거예요. 롯데월드 관계자가 게시물을 내려달라고 연락해오기도 했죠.

그때 세운 원칙이 '취재를 할 때는 항상 한 시간 먼저 현장에 갔다가 끝까지 남아 있자'입니다. 촬영해서 알려진 이야기는 사건이 시작할 때와 끝날 때가 가장 많았어요.

한번은 2007년 군부대 지역 이전 문제로 주민들이 국방부

앞에서 반대 시위를 한 적이 있어요. 이천시장과 지역구 국회의원이 다 온 거예요. 행사가 일반적인 순서로 진행되었는데, 도중에 기자들은 떠나고 저만 남아 있었어요. 그런데 식순에 나와 있지도 않은, 군부대 이전에 대한 분노를 표현하는 퍼포먼스를 한다는 거예요. 단상으로 갖고 나온 상자 안에 새끼 돼지가 줄에 묶여 있었어요. 그 줄을 잡아당겨 살아 있는 새끼 돼지의 사지를 찢는 퍼포먼스를 한 거예요. 그 장면을 온라인에 올렸어요. 그러자 포털사이트 엠파스 네티즌들에게 가장 관심 받았던 뉴스 1위, 다음 아고라에서 가장 많은 '네티즌 1,000원'을 기록했어요. 이후 동물보호단체가 천도재도 올리고 이천시에 항의하고 이천 쌀 불매운동도 했어요. 결국 이천시에서는 사과문을 올려야 했지요. 아무튼 끝까지 남아 있었기 때문에 그 현장을 전달할 수 있었어요.

지난 2008년에 벌어진 숭례문 화재 사건 때도 제가 가장 먼저 현장에서 촬영했어요. YTN을 보고 갔는데 옥상에서 카메라만 비추고 있었어요. 당시 소방관들이 '별거 아니네'라며 나오는 장면도 찍었어요. 다른 언론사에서 자료를 요청해오기도 했어요.

가끔 방송국 PD나 네티즌들이 제가 촬영한 콘텐츠를 요청하면 조건 없이 보내주기도 합니다. 어차피 대중에게 알리려고 찍었으니까요. 사람들을 통해 더 널리 알릴 수 있다면 좋

고요. 저작권료는 없어요. 그런데 외신에서 '왜 그냥 주냐?'고
해서 '다른 블로거도 그런다'고 답신을 보냈더니 프리랜서(기
자)에 따르는 돈을 주겠다는 거예요. 처음으로 돈을 받고 AP
통신에 사진 몇 장을 팔기도 했지요.

아무튼 저는 취재 현장에 한 시간 먼저 갔다가 끝까지 남아
있자는 원칙을 끝까지 지킬 것이고 지금도 지키고 있습니다.

1인 미디어이기에

기자가 아니라서 힘들었습니다. 현장에서 쫓겨나는 경우가
많았어요. 〈뉴스타파〉 시즌 1·2에 2년간 카메라 기자로 활동
한 적은 있지만 지금은 아닙니다. 실내 기자회견의 경우 텍스
트 기자가 아닌 이상 자리를 잡는 게 가장 중요하거든요. 지금
은 다른 기자들과 인사도 주고받는데, 그때는 한 시간 일찍 와
서 주변에 아는 사람도 없고 혼자 와서 기다리고 있으면 한 시
간이 1년만큼 길었어요. 좋은 자리를 잡고 있으면 다른 기자
들이 기자도 아니면서 왜 촬영하느냐고 말하는 경우가 많았
습니다. 주최 측에다 쫓아내지 않으면 단체로 불참하겠다고
한 적도 있었습니다. 언짢은 마음으로 돌아가면 블로거나 다

음 편집부 사람들이 전화로 위로해주고, 그 힘으로 또 현장에 나갔습니다.

이렇게 힘든 상황이 비일비재한데도 왜 1인 미디어를 고집하느냐고 궁금해하는 사람이 많습니다. 제가 생각하기에 1인 미디어의 가장 큰 매력은 서로 경쟁하기보다 함께 협력하고 절대 욕심을 내지 않으면서 보여주고 싶은 것을 맘껏 찍을 수 있다는 점인 것 같아요. 그러한 예로, 1인 미디어들이 모여 부산 공장에서 노동자들의 생활 분야를 맡아 찍어서 큰 화제가 된 적이 있었어요.

1인 미디어는 정말 좋은 것 같아요. 체질에도 딱 맞고요. 속보도 올리고 싶으면 올리고 그러기 싫으면 안 올려요. 마감에 대한 압박도 없어요. 자유로운 시간이 많아요.

다만 가장 큰 불편은 경제적 사정이죠. 저는 2008년 촛불집회 이후 7년간 배고픈 생활을 했어요. 한때는 인터넷에서 조회 수와 추천 수를 정말로 많이 갱신했어요. 포털사이트로 들어오라고도 했고 대기업 배너 광고가 들어오기도 했어요. 참 달콤한 유혹이었지만 모두 다 거절하고, 네티즌들에게 절대적인 신뢰를 주기 위해 몇 시간 동안 기차를 타고 다니면서 취재했어요.

그러자 미디어몽구를 달리 보기 시작하면서 브랜드 가치도 지속되고 규모도 더 확장되었어요. 물론 주머니 사정이 더 나아지진 않았죠. 주변 사람들에게 민폐를 많이 끼쳤어요. 연말 시상식 때면 상보다 상금을 챙기기 바빴어요. 취재 경비로 쓰려고요. 수상 소감을 얘기할 때도 그럴듯한 말보다 서러움이 복받쳐 시사 블로거들에게도 관심을 가져달라며 울먹였어요. 잔칫집에서 초상집 분위기로 바뀌곤 했죠.

흔히들 진보 성향의 매체와 보수 성향의 매체가 서로 다툰다고 생각하지만 현장에서는 절대 그렇지 않아요. 각자 자리를 잡고 촬영한 뒤 공유해요. 혼자 뛰어다녀야 하는 1인 미디어로서는 그린 짐에서 힘이 들어요.

그렇지만 요즘은 1인 미디어도 언론으로 인정해줍니다. 어떤 기관이나 건물에 들어갈 때 기자증이 없어서 제약을 받으면 기자들이 애써 얘기해줘서 함께 들어가는 경우도 있어요. 현장에서 기자는 저의 취재 대상이기도 해요. 현장을 그대로 알려주기 때문에 기자도 항상 긴장을 하죠.

그동안 저는 많은 사람을 만났어요. 주로 시사 위주인데, 예전에는 연예인을 만나기도 하고 스포츠 현장에도 갔어요. 연예인의 경우 '좋은 사람이구나!'라는 생각이 들면 머리부터 발끝까지 팬의 입장에서 찍어줘요. 나중에 그 영상을 보고 팬들이 댓글을 달아주기도 했고요.

1인 미디어로 활동하다 보면 중립적인 태도나 객관적인 관점을 어떻게 유지하느냐는 질문을 받습니다. 그런데 어떤 문제의 피해자들이나 사회적 약자, 소수자들의 최대 소원은 일상으로 돌아가는 거예요. 그것이야말로 가장 중요합니다. 저는 1인 미디어로 활동하면서 그분들의 확성기 역할을 해주고 싶어요. 왜 한 방향으로만 목소리를 내느냐고 하는데, 저는 그분들의 목소리를 대변하기 위해 현장에 나갑니다. 객관성이라는 신화나 제도 같은 것에 얽매여 표면만 보지 말고 진실이 담긴 약자들의 이야기에 귀를 기울여야 합니다. 객관성보다는 진실이 먼저니까요.

현장에 나가는 즐거움

KBS에서 '세계 공영방송 총회'*를 개최한 적이 있는데 대안 언론이 채택되었나 봐요. 그때 저를 촬영하기 위해 끝까지 기다린 사람이 있었어요. 바로 저의 멘토인 KBS 최필곤 PD입니다. 한 시간 분량으로 방송되었는데 그에게 제 고민도 얘기하고 어려운 점을 다 보여드렸죠. 제도권 기자들과 친해지려면 빨리 자신의 모습을 각인시키라고, 그리고 튀는 옷을 입으

●각국의 공영방송인들이 모여 텔레비전의 현재와 미래에 대해 논하는 세계 공영방송인들의 축제.

라고 말해주더라고요.

그러고 보니 외모 덕을 본 적도 있습니다. 세월호 참사 때 팽목항에서 유가족들의 언론 불신이 장난 아니었어요. 기자증을 빼앗고 카메라까지 부수는 지경에 이르렀는데, 오히려 저는 어머니들과 친해졌어요. 외신 기자인 줄 알고 해코지하지 않았대요. 튀는 옷을 입으라기에 붉은색과 노란색 옷을 샀어요. 그 뒤로 2년간 그 옷만 입고 현장에 나갔어요.

수습기자들의 경우 자기 회사 소속이 아닌데도 인사를 하더라고요. 그러다 문득 '아! 그러면 수습기자들과 먼저 친해지자!'라는 생각이 들어 줄곧 인사를 주고받으면서 서로 친해졌어요. 왠지 수습기자들은 '미디어몽구는 기자도 아니다'라는 편견 없이 마음을 열어줄 것 같더라고요. 그 후에 다른 기자들과도 인사하면서 두루 친해졌죠. 요즘은 현장에 나가 '미디어몽구'라고 하면 다른 기자들은 내보내고 저에게 사진 찍으라고 해요. 그 정도로 주변에 널리 알려진 것 같아요.

계속 부지런히 현장을 뛰어다니면 돈이 마련되니까 자꾸 장비에 욕심이 생기더라고요. 처음에는 휴대전화로 시작해서 잭을 사고, 그다음엔 DSLR로 가다가 장비가 하나씩 진화하게 된 거죠. 장비를 구입하면 대부분 사용설명서를 읽잖아요. 그런데 저는 보고 듣고 배우는 것보다 계속 만지고 부딪치고 체험하면서 사용법을 익혀요.

영상은 다음에서 활동할 때 처음으로 시작했어요. 지금은 휴대전화로 촬영해도 웬만한 현장 속보는 언론사들이 더 빨라요. 제가 사진으로 시작할 때는 SNS가 없었어요. 현재 SNS에 올리는 것은 휴대전화로 찍은 것인데, 훗날 책을 출간할 때 자료로 사용할 계획입니다.

저는 제가 좋아서 현장에 가야 합니다. 그래야 저만의 영상이 나오는 것 같아요. 다른 사람이 아무리 와달라고 해도 가기 싫으면 안 가요. 제가 정말 가고 싶은 곳, 네티즌도 관심 있어하는 곳이면 가장 좋죠.

매주 금요일 오후만 되면 일반 기자들과 저의 차이점이 확연히 드러나요. 기자들은 조금이라도 빨리 마감한 뒤 쉬고 싶은데 어떤 사건이 터지면 짜증부터 내지만 저는 본능적으로 달려갑니다. 그만큼 좋아하는 일인데다 지금은 현장에 나가는 것을 즐기고 있으니까요. 그러다 보니 마음의 여유도 생기는 것 같아요.

진정성이 신뢰로 이어지다

기자들에게 무시당하는 데서 벗어나자 새로운 문제와 맞닥

뜨렸어요. 그것은 '신뢰'였어요. 왜냐하면 언론인 신분이 아니므로 항상 네티즌들이 물음표를 달았거든요. 항상 진짜냐고, 사실이냐고 물어보더라고요. 그들에게 신뢰를 주기 위해 사진 한 장을 찍어도 직접 본 현장을 찍어요. 사진 한 장을 찍기 위해 두 시간이나 지하철을 타고 가서 직접 촬영해요.

제가 본 현장을 알리면서 네티즌들의 신뢰가 쌓이기 시작했어요. 누군가가 올려놓은 사진이나 영상을 가져와 전달하지 않고 미디어몽구만의 가치로 제 블로그에서 전파되기를 바라는 마음으로 현장에 가서 직접 찍었죠. 제가 세운 두 번째 원칙은 '어디서 들은 이야기는 절대 하지 말자'입니다. 제 블로그에는 '전해졌다', '알려졌다'와 같은 말투가 없어요. 네티즌에게 신뢰를 주려고 당사자의 목소리를 직접 담아 알립니다.

제가 사회 권력자들에게 거침없이 질문하는 모습에 사람들이 통쾌해하고 관심이 많더라고요. 그런데 사회적 약자, 피해자들에게 다가가기는 정말 힘들어요. 일본군 위안부 피해 할머니 문제의 경우에도 일본 정부의 망언이 나오면 많은 사람들이 먼저 분노하잖아요. 분노는 폭발력이 있지만 오래가지 못해요. 저는 그렇게 분노하기보다 피해 할머니들을 먼저 생각해요. 무슨 일이 생기면 할머니에게 그 내용을 알려드리고 권력에 대한 감시보다 약자들의 목소리를 대변해주는 활동을 하고 있어요. 네티즌들의 신뢰를 얻기 위해서도 열심히 노력하고요.

그리고 제 좌우명이 뭔지 아세요? '남에게 피해를 주지 말자'예요. 지금은 미디어몽구로 계속 활동하는 게 가장 큰 의미가 있고, 훗날 제 홈페이지가 온라인 역사박물관이 되면 좋겠어요. 네티즌들이 과거에 어디에서 무슨 일이 일어났는데 당시를 표현하고 싶거나 돌아가고 싶을 때 제가 찍은 영상을 봐줬으면 해요.

세상을 긍정적으로 바라보는 것이 작업에 영향을 미치기도 해요. 저는 항상 촬영하면서 자극적인 것을 경계해요. 제목도 자극적으로 달면 처음에 사람들의 관심을 끌어요. 그럼 강도가 점점 세져야 하거든요. 일종의 중독인데 나중에 다른 것을 올리면 이게 내용을 맹물로 만들어요. 사람들이 자극적인 것만 보게 되는 거죠. 나중에 힘들어질까봐 항상 경계합니다.

집회 현장에서 촬영할 때는 절대로 단체나 깃발을 안 찍어요. 접근할 때 '노동자이고, 한 가족의 부모이며 가족이다'라는 마음으로 참가자에게 접근하면 현장 사람들이 공감하고 현안에 관심을 두고 더 알리려고 하더라고요.

10년 동안 활동하다 보니 어떤 것을 올리면 댓글이 100개 달리고, 어떤 것을 올리면 조회 수가 몇십만으로 올라가는지 파악할 수 있어요. 페이스북과 트위터를 할 때 대통령을 비판하면 '좋아요'가 확 올라가고 구독자 수도 늘어나요. 하지만 그런 것에 스스로 압박을 받거나 부담을 느끼면 제가 좋아하는 일을 즐기거나 여유를 갖지 못하게 됩니다.

작업의 법칙

보통 무슨 소식을 들으면 준비 없이 현장에 나가요. 그리고 현안에 관심을 갖고 디딤돌 역할을 하기 위해 네티즌의 눈높이에서 질문해요. 어디든 촬영하러 가기 전에 관련 사항을 철저히 공부하고 나서 질문하면 더 깊이 알 수는 있어요. 그런데 그 현안에 대해 모르는 대중은 정말 받아들이기 어려워해요. '이해하지 못하겠다', '좀 더 쉽게 설명해달라'고 하지요. 그래서 저는 별다른 준비 없이 행사나 집회 현장을 찾아가 즉흥적으로 알아내려고 해요. 당사자들과 인터뷰를 할 때도 초등학생이 이해할 만큼 쉽게 말해달라고 해요. 그래서인지 사람들이 영상을 보고 이해하기 쉽다고 하더라고요.

권력자들에게 질문하는 영상을 올리면 호응을 받고 조회수도 크게 올라가요. 그런데 사회적 약자와 소수자, 피해자에 대한 것이면 관심도가 현저히 떨어져요. 더군다나 당사자에게 접근해서 이야기를 듣기가 정말 힘듭니다. 그런 사람들을 처음 만날 때는 아예 카메라를 가져가지 않아요. 곁에서 마냥 이야기를 들어줘요. 며칠이 되었건 간에 시간에 구애받지 않고 들어주면 누구냐고 물어봐요. 그러면 '촬영해서 네티즌에게 현황을 알리는 사람이다'라고 대답해줘요. 또 '촬영하는 사람이 왜 카메라를 안 가져오느냐?'고 물으면 그제야 카메라를 가져갑니다. 그러면 언론에 얘기한 것보다 더 구체적으로 속내를 털어놓아요. 이렇게 관계를 형성한 다음 다가가야 상대방도 마음의 문을 엽니다.

또 저는 항상 상대방의 심기를 건드리면서 인터뷰를 해요. 그래야 진짜 이야기가 나오거든요. 질문하면 '왜요?' 하고 계속 묻거든요. 그러면 상대방이 대답을 하다가도 화를 내요. 그러면서 진짜 답이 나오고 이야기가 나오거든요.

사람들이 종종 제게 같은 현장에 있던 언론인과 왜 결과물이 다르냐고 물어봅니다. 사실 미디어몽구의 영상은 날것이죠. 최대한 현장 느낌이 나도록 편집하다 보니 몽구의 영상을 보면 댓글을 써야 속이 풀린다는 사람이 많아요. 저는 한 시간 일찍 현장에 나가 끝까지 쉬지 않고 이 장면 저 장면 다 찍어요. 그리고 돌아와서 관련 기사를 검색해 훑어보면서 '이건 꼭 알려야 하는데 빠뜨렸구나', '이 부분은 편집해서 더 많이 알리자' 등등 전체 흐름보다는 그 핵심을 파악해 파고들려고 합니다. 만약 누군가가 죽어서 그 딸이 오열하는 상황이 벌어지면 그 모습을 찍어서 올려요. 시청자는 슬프고 안타깝기도 하지만, 그 모습을 보면서 그 딸이 왜 우는지 검색해서 그 현안에 대해 알아가더라고요.

저는 누군가에게 접근할 때 마음가짐이 가장 중요한 것 같아요. 상대방이 내 가족이고, 어떤 사건이 터지면 우리 집안일이라고 생각하면 아무리 촬영하기 힘든 상황이라도 술술 잘 풀려요.

어떤 콘텐츠든 당당하게 밀어붙이는 것이 중요하고, 특별하지 않아도 우리 주변을 돌아보면 더 많은 사람에게 알려야 하는 일이 있어요. 그런 것들도 좋은 경험이 됩니다. 저는 어디를 가든지 다 찍어둡니다. 나중에 어떤 식으로든 쓸모가 있을 거라고 믿으면서요.

제3강

우리가 기다리던 사람

박권일

박권일

사회비평가. 2000년대 초반 월간 〈말〉에서 기자로 일했고, 2007년 『88만원 세대』를 썼다. 〈시사IN〉, 〈한겨레21〉, 〈한겨레〉 등에 수년간 칼럼을 연재했거나 연재하고 있다. 2012년 칼럼집 『소수의견』을 출간했다. 함께 쓴 책으로 『지금, 여기의 극우주의』, 『우파의 불만』 등이 있다.

○○○○

　제 직업은 칼럼니스트입니다. 칼럼column을 쓰는 사람이죠. 칼럼이라는 말은 원래 '둥근 기둥'이라는 뜻이에요. 이것이 인쇄 매체가 나타나면서부터 세로로 된 지면을 가리키는 말이 되고, 나중에 신문에 기고한다는 뜻이 되었습니다.

　칼럼니스트도 분야나 스타일에 따라 방법론이 제각각인데, 제 칼럼은 대부분 인문학적이라기보다는 사회과학적이고 학문적이라기보다는 저널리즘적입니다. 제가 사회학 전공자이자 기자 출신이라는 것이 결정적인 요인이라고 생각해요. 또 저에게 영향을 미친 요소가 있다면 '문화 연구cultural studies'입니다. 제가 대학교에 다니던 시절에는 소위 말하는 운동권이 만든 학회가 대부분이었어요. 저는 그런 학회 활동과 함께 문화과학연구단체를 만들기도 했죠. 그야말로 대중문화가 폭발하는 시대에 대학을 다녔어요. 그래서 '문화 연구'는 제 칼럼에서 빼놓을 수 없는 요소입니다.

　제 칼럼은 기자로서의 저널리즘적인 글쓰기와 사회학자로서의 글쓰기, 문화 연구로서의 글쓰기, 이 삼각형 안에 있는 것 같아요. 어떻게 보면 이도 저도 아닌 글이기도 하고, 어떻게 보면 모든 것에 해당하는 글이죠.

글쟁이로 산다는 것

저는 첫 번째 직업이 중요하다고 생각해요. 학교를 졸업하고 사회에 진출할 때 어떤 직업을 갖는가가 거의 평생을 결정하는 경우가 많아요. 지금처럼 비정규직이나 불안정 노동이 만연한 사회여도 말이죠. 첫 직업이 중요하게 작용하는 사례를 많이 보았고, 실제로 저도 그랬습니다.

대학 졸업 이후 2002년은 저에게 굉장히 의미 있는 해였어요. 그때 최초의 촛불시위가 일어났고, 대선에서 고故 노무현 전 대통령이 당선되었죠. 저는 〈말〉지에 신입 공채 기자로 첫 직업을 가지게 되었고요. 비슷비슷한 사람들과 지내던 공간에서 벗어나 사회가 어떤 곳인지 경험하게 되었던 것 같아요. 사실 저는 뛰어난 기자는 아니었다고 생각해요. 기사를 잘 쓰는 선배 기자가 많았는데, 지금 생각해보면 정말 많은 것을 배웠습니다.

지금은 칼럼니스트로 살고 있지만, 저의 절대적인 지지 기반이나 토대 같은 것들을 그때 다 배웠어요. 그중 하나를 꼽자면 '사실을 대하는 태도'입니다. 팩트fact라고 하죠. 팩트를 어떻게 다룰 것인가. 훌륭한 전통을 지닌 매체에서 출중한 선배들에게 중요한 태도를 배운 것이 엄청난 행운이었다고 생각해요. 기자로서의 글쓰기, 저널리스트로서의 글쓰기가 제 출발점인 셈이었습니다.

독자들의 성향에 민감하게 반응하고, 그들의 구미에 맞는 글을 쓰는 사람이 많아요. 인기를 얻고 대중의 호응을 받다 보면 점점 자신이 하고 싶은 이야기보다 남들이 듣고 싶어 하는 이야기에 초점을 맞추게 되죠. 나중에는 그것이 꾸며낸 게 아니라 자신이 진심으로 한 이야기라고 착각하기도 하고요. 이게 글쟁이가 망가지는 전형적인 패턴이에요.

그렇게 되지 않기 위해서 가장 중요한 것은 '사실에 대한 최대한의 존중'입니다. 날것의 팩트를 최대한 있는 그대로 받아들인 다음 거기에서부터 자신의 관점을 세워나가는 것이죠. 이게 말은 쉽지만 실제로 실천하기란 굉장히 어려운 덕목입니다. 우리가 객관적이고 중립적인 진실을 완벽히 파악할 수 있다는 것은 아니에요. 모든 기사는 편집된 것이고 어떠한 관점이 들어가 있기 때문이죠. 기자는 자신이 알 수 있는 최대한의 사실들을 정직하게 모으고, 그것을 서술할 줄 알아야 합니다. 그런데 대부분의 글 쓰는 사람들이 그런 작업을 소홀히 하거나 무시하죠.

　지금도 저는 그런 글쟁이가 되지 않도록 늘 경계하고 있어요. 기자에서 출발한 저의 직업 생활이 많은 도움을 준 것 같습니다. 따라서 처음 갖는 직업에서 평생 가져갈 만한 습관을 반드시 배워야 해요. 이 세상 대부분의 어떤 직업, 어떤 일이라도 배울 만한 것이 한 가지 이상은 있다고 생각해요. 그리고 그것이 평생 동안의 습관이 될 수 있다면 좋겠죠. 더 나아가 자신을 계속해서 지키고 지탱해줄 수 있는 뿌리, 지켜줄 수 있는 방패가 된다고 생각합니다.

　칼럼니스트에게 가장 중요한 자질은 '세계에 대한 호기심'입니다. 세상에 대해 스스로 감당하기 힘들 정도로 호기심이 있어야 해요. '이 현상은 왜 일어난 거지?', '저 사람은 왜 저런 행동, 말을 하지?'와 같은 호기심이 필요해요. 만약 세상이 돌아가는 게 굉장히 자연스러워 보이고 아무런 문제가 없어 보이는 사람이 글쟁이를 하면 좀 힘들 거예요. 항상 했던 이야기를 반복하게 되고 하나마나한 이야기를 쓰게 되는 글쟁이가 되기 쉽죠. 그렇기 때문에 세계에 대한 끝없는 호기심이 글쟁이의 가장 중요한 자질이라고 생각해요.

　그런 자질을 가졌는지 아닌지 판단하려면 글을 써봐야 합니다. 글을 썼는데도 그런 자질이 없다고 생각되면 과감히 포기하는 자세도 필요해요. 다른 좋은 직업도 많고, 무엇보다 생계유지가 불가능하기 때문이에요. 요즘 소위 잘 팔린다는 책이 1,000부 정도 나가거든요. 그 경우에 작가한테 떨어지는 수익이 한 달에 8만 원이에요. 88만원 세대도 88만원을 받는데 한 달에 8만 원으로 생활할 수는 없죠. 저 역시 글을 쓰는 사람이지만, 사실상 한국 사회에서 글을 써서 먹고산다는 것 자체가 어려워요. 그런데도 '정말 글을 쓰지 않고는 못 견디겠다'라는 정도면 글을 쓰라고 말해주고 싶네요.

그런데 정말로 펜은 칼보다 강할까요? 단언컨대 펜은 칼보다 약해요. '펜은 칼보다 강하다'는 말은 정신 승리의 의미죠. 권력은 총구로부터 나와요. 정말 무력이 필력보다 약하다면 이 세계에서 전쟁은 사라졌을 겁니다. 그렇다면 펜이 아무런 힘이 없는가 하면, 그렇진 않죠. 총이나 칼보다 약하다고 해서 펜이 아무런 힘도 없는 것은 아닙니다. 어떻게 쓰느냐에 따라 펜은 강한 힘을 발휘합니다. 특히 총칼이 발휘할 수 없는 종류의 효과를 보여주고 총칼이 발휘할 수 없는 종류의 영향을 사회에 끼칠 수 있습니다. 저는 누군가가 "글쓰기가 세상을 바꿀 수 있습니까?"라고 질문하면 이렇게 대답해요.

"저의 글이 세상을 바꿀 수 있을진 모르겠지만, 당신의 글은 세상을 바꿀 수도 있습니다."

그것이 좋은 쪽이든 나쁜 쪽이든 말이죠.

어떤 학생이 이런 질문을 했습니다.

"정말 잘못된 생각인데도 비판을 들으려는 생각이 전혀 없는 사람들이 있습니다. 이런 사람들을 설득하는 데 어떤 방법이 있을까요?"

이 질문을 받고 저도 많이 생각해봤습니다. 제가 키보드 워리어로 살아온 지 17~18년이 되었고 지금도 온라인에서 자주 논쟁하는 편인데, '인간은 논쟁으로 설득되지 않는다'는 것이 제 결론입니다.

특히 온라인 논쟁으로 설득되는 경우는 거의 못 봤습니다. 그런데 '그런 사람과의 논쟁이 무의미한 것이냐'라고 묻는다면, 그렇지 않습니다. 어떤 식으로든 그 공개적인 논쟁을 보고 있는 사람들이 있어요. 그리고 그 논쟁이 기억되고 축적되면 나중에 비슷한 문제의식을 느끼고 있는 사람들에게 언제든 도움이 될 수 있습니다. 제가 그랬어요. 저는 예전에 논쟁했던 선배들의 기록과 축적된 질문, 대답들을 보면서 많이 배웠습니다. 만약 제가 논쟁했던 것들이 기록되고 남겨져 있다면 제 뒤에 따라오는 사람들이 그걸 보고 판단할 수 있는 거죠.

그런 일에 비하면 내 눈앞에 있는 사람 한 명의 생각을 바꾸고 못 바꾸고는 중요한 일이 아닙니다. 그 사람 생각 하나 바꾼다고 세상이 달라지지 않습니다. 온라인 논쟁이라고 하더라도 긴 호흡으로 바라보고 상대방을 설득하는 자세가 필요해요. 그런 것들이 나중에는 자신이 원하는 형태로 세상에 기여할 수도 있어요.

『88만원 세대』 이후

　『88만원 세대』가 나온 지 9년쯤 되었습니다. 『88만원 세대』 출간 이후 청년 세대가 처한 상황에 대해 예전과 비교할 수 없을 만큼 많은 관심이 생기기 시작했죠. 청년 세대의 빈곤 문제, 노동문제가 사회적 의제가 되었습니다. 또한 20대 당사자 운동이나 청년유니온youth community union ●, 아르바이트 노조 운동 같은 사례들도 『88만원 세대』 이후 일어난 긍정적인 변화라고 생각해요.

　하지만 저는 『88만원 세대』가 결정적인 한계를 가질 수밖에 없었다는 점을 인정합니다. 세상을 바꾸려고 했던 처음의 목표를 성취하진 못했다고 생각해요. 특히 구체적이고 제도적인 변화가 전혀 없었고, 청년 세대가 처한 상황은 오히려 더 나빠졌습니다.

　제가 늘 예를 드는 사건 중 하나는 2009년에 벌어진 대졸

● 대한민국 최초의 세대별 노동조합으로, 2010년 3월 13일에 창립되었다.

초임 삭감 사건입니다. 2008년 미국발 금융 위기의 영향으로 '허리띠를 조르자'라는 이야기가 한국 사회를 뒤덮을 때였습니다. 그 당시 30대 그룹 채용 담당 임원들이 고용 안정을 위한 재계 대책 회의를 열었는데, 재벌 기업 임원이라는 사람들이 자신들의 임금을 내놓기는커녕 대졸 초임 사원들의 연봉을 삭감하자는 대책을 내놓습니다.

이것에 대해 기성세대는 별다른 문제를 제기하지 않았고, 심지어 당사자인 청년 세대조차 격렬하게 저항하지 않았습니다. '어떻게 이런 일이 일어날 수 있나'라는 생각을 많이 했어요. 한 세대가 청년 세대의 전체 임금을 이런 식으로 강탈해간 사례가 있나 싶어서 영어로 된 자료들을 엄청 찾았거든요. 최소한 20세기 이후, 제2차 세계대전 이후에는 없어요. 이렇게 황당한 일이 벌어졌는데도 나라가 뒤집히지 않고 조용하게 지나간 것 자체가 의문스러웠어요. 물론 그 당시 청년 단체와 학생운동을 하는 분들이 항의하고 집회를 하기도 했어요. 그런데 이상할 정도로 큰 저항을 하지 않았습니다. 이 부분이 정말 지금도 의문스러워요.

제가 2009년 이후부터 지금까지 갖고 있는 의문은 그거예요. 왜 저항하지 않을까? 저항할 만큼 당하고 있는데도 왜 저항하지 않을까? 그런데 이건 사실 청년 세대만을 향한 의문은 아니에요. 청년 세대만 힘들게 살아가는 건 아니죠. 노동계급도 그렇고, 비정규직이 제일 많다는 50대도 마찬가지예요. 기득권이 모든 것을 다 가져가고 낙수 효과● 없이 독식하고 있는데, 왜 혁명이 일어나지 않을까요? 프랑스에서는 비정규직 관련 법안을 조금만 바꾸려고 해도 학생들이 나서서 도시를 마비시킵니다. 기차와 행정관청을 전부 불 지르고 나라를 전부 자신들의 해방구로 만들어버려요. 왜 한국은 그러지 못할까요?

소위 말하는 진보 개혁 인사들은 88만원 세대를 정치적으로도 매장시켜왔습니다. 특히 17대 대선과 18대 총선을 비롯한 촛불시위, 노무현 전 대통령 서거와 같은 정치적 사건이 벌어질 때마다 진보 진영에 속하는 윗세대가 청년 세대에게 무능력하고 보수적이라는 프레임을 씌워버리죠. 나라가 이 꼴이 된 건 너희 때문이라는 식으로 이야기합니다. 20대가 18대 총선에서 19퍼센트밖에 투표하지 않았다는 이야기도 하죠. 정치에 무관심하니까 나라가 이렇게 되는 것이 아니냐는 질타였어요. 그런데 사실은 그게 인터넷 루머였어요. 19퍼센트라는 투표율은 선관위에서 발표도 하지 않은 수치예요. 사실 20대의 투표율은 그보다 한참 높았죠. 왜 낚였을까 생각해봤어요. 사람들은 이미 낚일 준비가 되어 있기 때문이었죠.

● 부유층의 투자·소비 증가가 저소득층의 소득 증대로까지 영향을 미쳐 전 국가적인 경기 부양 효과로 나타나는 현상.

저는 이런 측면들이야말로 한국의 '헬조선' 기질을 보여주는 생생한 증거라고 생각합니다. 왜 사회문제를 20대의 문제로 환원하나요? 왜 자신들의 문제는 반성하지 않는 것인가요? 소위 말하는 진보 진영의 지식인들이 20대에 대한 증오를 퍼뜨리는 것에 대해 저는 매우 의문스럽더라고요. 물론 대놓고 20대를 비판하는 사람이 크게 줄어들긴 했지만, 여전히 20대는 경제적으로도 힘이 없고 정치적으로도 무기력한 세대로 자주 호출되고 있어요. 저는 이런 측면들이 20대에게 없다고 단정할 순 없다고 봐요. 하지만 무조건 욕을 하는 건 능사가 아니라는 거죠. 20대가 구심점을 가지고 모여야 합니다. 자신들의 힘을 사회에 대한 저항, 더 나아가 변화로 이끌 수 있도록 그 매개가 무엇인지 찾아내는 것이 중요하다고 생각해요.

지금 대학에 다니고 있는 사람들을 보면 사회적인 위상이나 시선이 과거에 비해 크게 달라졌습니다. 사회적 측면에서 과거에 대학생은 우월성의 상징이었다면, 지금은 정상성의 상징이죠. 대학에 가는 건 평범한 일이에요. 2000년을 기점으로 대학 진학률이 80퍼센트가 넘었는데, 대학 교육이 '일반교육화'된 거죠. 그래서 과거의 대학생 집단이 엘리트 후보군 또는 지식인 후보군 같은 느낌이었다면, 더는 그런 사회적 평가가 없는 상황이죠.

과거에는 비운동권 문화와 운동권 문화가 있었어요. 비운동권 문화는 주류 대중문화와 통기타, 청바지로 표현되는 낭만주의적 청년 문화죠. 운동권 문화는 자신들의 공동체 속에서 생산·소비되고 계속 순환하는 문화를 갖고 있었습니다. 그런 두 문화가 학생운동이 무너지고 난 뒤 완전히 사라지고, 지금 대학 사회는 대중문화가 지배하고 있죠. 정치적·경제적 측면에서는 저항이 적응으로 변화했다고 생각합니다. 엘리트이자 지식인으로서 과거의 대학생은 자신들이 가진 사회적 비판 의식을 사회 변화의 동력으로 삼아야 한다는 사명감 같은 것이 있었어요. 그러나 현재의 대학생은 저항 같은 건 꿈꿀 여지조차 없죠. 체제에 편입되기조차 어려운데 어떻게 체제에 저항하겠습니까.

생존 자체가 이제 사명이 된 시대가 되어버렸어요. 그래서「미생」이라는 웹툰이 드라마화되었을 때 제가 이런 이야기를 했어요.

"과거에는 청년들을 다루는 서사가 성장 서사였다면, 지금은 청년들을 다루는 서사가 생존이 되었다. 그것을 바로 보여주는 드라마가「미생」이다."

저는 청년 세대의 성장 서사라는 것 자체가 더는 통용되지 않는 서사 양식이라고 생각해요.

기성세대가 '아프니까 청춘이다', '때가 되면 지나간다', '그런 고통이 나중에는 다 우스울 것이다'라고 말하지만 정말 모르는 이야기예요. 이 청년들이 30대가 되고 40대가 되어도 계속 이 상태일 것이라는 게 충격과 공포거든요. 과거와 같은 기승전결의 서사, 삶의 리듬 자체가 이제는 통하지 않게 된 것이 지금 세대의 특징입니다. 그래서 생존 서사가 되었다는 것이죠. 뉴노멀New-Normal●이라는 말이 가리키는 것처럼 성장하지 않는 경제가 새로운 정상이 된 거예요. 이런 상황이 한국에도 닥쳐왔다고 봐야 합니다.

일본에는 사토리さとり 세대라는 말이 있습니다. 사토리는 '깨달음'이라는 뜻이에요. 1980년대 후반부터 1990년대에 일본에서 태어난, 지금의 10대·20대 중반의 청년들을 가리키는 말이죠. 이 세대는 욕망 자체의 크기가 줄어서 뭘 사고 싶은 것도 없는 세대예요. 그래서 이 세대는 옷도 사지 않고 여행도 잘 가지 않아요. 소비하지 않으면서 그냥 가만히 살아가요.

사실 자본주의 입장에서는 엄청난 위협인 거죠. 자본주의 생산력의 바탕에는 끝없이 소비될 거라는 기대가 깔려 있습니다. 소비자들이 새로운 것을 욕망해야지 기업이 상품을 개발하고 판매할 수 있는데, 금욕적인 세대가 등장하니까 욕망의 사이클이 작동하지 않죠. 차도 집도 사지 않고, 여행도 가지 않고, 뭘 사 먹지도 않으니 자본주의를 계속 굴려야 하는 사람의

● '시대 변화에 따라 새롭게 떠오르는 기준 또는 표준'을 뜻하는 말로, 2008년 글로벌 경제 위기 이후에 부상한 새로운 경제 질서를 일컫는다.

입장에서는 이것만큼 전율스럽고 공포스러운 게 없는 거죠.

한국의 경우 일본만큼 사토리족이 늘어났다고 생각하지 않아요. 하지만 제 주변에 이미 그렇게 살아가는 사람이 많고, 점점 더 늘어날 거라고 생각해요. 사토리족은 적게 소비하는 삶의 철학이 있기보다는 그럴 수밖에 없어서 나타나요. 돈이 없고, 돈을 벌 수 있는 수단이 없어서 그렇게 되는 것입니다. 어쨌든 『88만원 세대』에 대해 정리를 하자면, 출간 이후 9년 동안 청년 세대 문제는 점점 더 나빠져왔습니다.

과거에는 정치권에서 청년 세대에게 비례대표를 주기도 하고 나름대로 시늉이나 요식행위를 했어요. 작지만 청년 세대에게 할당해주려는 움직임이라도 있었습니다. 이제는 사회적으로 약발이 떨어지고 사회적으로 덜 이슈화되니까 청년 비례대표도 다 없애는 추세예요. 상황은 점점 나빠지는데 그나마 있던 배려도 없어지는 상황입니다. 그래서 저는 청년 세대에 대한 책을 썼던 사람의 입장으로서 '제가 다른 형태로 이야기했으면 달라지지 않았을까' 하는 생각도 해봅니다. 이를테면 비정규직 노동이나 불안정 노동 같은 쪽으로 생각해보기도 했어요. 그런데 제가 불안정 노동과 비정규직 노동 현장을 취재하면서 기사를 많이 썼지만 사람들이 그런 기사는 읽지 않아요.

지금 청년 세대가 처한 문제들 중 대부분은 노동문제죠. 불안정한 상태의 비정규직 노동으로 내몰릴 수밖에 없는 상황에서 끊임없이 고발하고, 비판하고 싸우는 것 외에는 별다른 해법이 없어요. 이것은 청년 세대만의 문제가 아닙니다. 40대부터 70대까지 노동해야 하는 사회에서 대부분 비정규직이에요. 그중 대부분이 여성, 대학을 나오지 못한 사람, 지방대 나온 사람들이에요. 청년 세대 문제로 출발했지만 결국은 불안정 노동, 비정규직 노동 등 불안 노동의 문제로 실현될 수밖에 없다고 생각해요.

정치적인 측면에서도 잘나가는 몇몇 청년을 국회에 보내는 것이 아니라 노동하는 청년 세대의 권익과 권리를 찾는 정치적인 움직임이 있어야 합니다. 청년 세대 문제는 계속해서 노동문제를 중심으로 문제 제기가 되어야 해요.

일베라는 증상

저는 매일 '일베(일간베스트)'에 들어가요. 무슨 말을 하는지 궁금해서요. 처음엔 들어가는 것 자체가 고통스러웠죠. 그러다 보니 일베에 대해 제대로 분석하지 못했던 것 같아요. 보는 것조차 힘들고 글자 그대로 혐오스러운 발언이 쏟아져 나오니, 연구나 담론 분석을 하는 사람들도 포기하는 경우가 더러 있습니다. 그 정도로 일베는 독성이 강한 커뮤니티예요.

그동안 일베에 관련된 책들이 나왔지만, 저도 일베를 분석한 책을 썼습니다. 그러면서 제가 느꼈던 지점은 일베가 사람들이 생각하는 것만큼 정치적인 이념 집단이 아니라는 거예요. 지역 차별적·정치적 발언이 많고 극우적인 성향을 띠기 때문에 당연히 이념적으로도 극우 집단이라는 선입견을 갖게 되는데, 일베의 주류는 흔히 말하는 정계 아저씨들이 아니라 젊은 세대라고 생각해요.

일베를 관통하는 코드는 '유희, 놀이'예요. 사람들이 혐오를 일종의 놀이로 소비하고 있어요. 일베는 외국인 혐오를 쏟아내지만, 그보다는 여성혐오가 굉장히 도드라지고 젊은 여성·전라도·진보 진영 혐오처럼 특징적인 세 혐오 외에는 기존의 극우주의 단체나 커뮤니티와 전혀 다른 모습이에요. 결론적으로, 일베라는 증상은 기존에 우리가 가지고 있던 온라인 극우주의 담론과 결이 다르다는 거죠.

그렇다면 왜 일베는 다를까? 극우이긴 하지만 어떤 극우인가. 이 점에 대해 해명해야 할 것 같아요.

일본 재특회⦁의 회장 같은 경우 유명한 극우주의 온라인 논

⦁재일 특권을 용납하지 않는 시민 모임. 간략히 줄여서 '재특회'라 불리기도 한다.

객이었고, 온라인상으로만 담론을 유통시키는 사람이었어요. 그런데 어느 순간 재특회가 오프라인으로 옮겨가고 정치적 결사로 질적 변화를 거듭해서 현재 수많은 극우주의 단체들 중에서도 맹위를 떨치고 있죠. 일베는 사실 이 정도 시점에서 재특회 같은 정치적 결사로 발전할 법도 한데 그렇게 되긴 힘듭니다. 왜냐하면 그들 스스로 자신들에게 결계를 걸고 있기 때문이에요.

일베의 가장 강력한 결계는 '친목질 금지'예요. 소수 유저들끼리 친해져 정치를 하게 되고, 정치를 하는 사람들 때문에 커뮤니티가 망할 수 있기 때문에 친목질을 금지해야 된다는 거죠. 이 결계가 얼마나 강력하냐면 일베가 추구하는 가치를 오프라인에서 행해도 그 행위를 비판한다는 거예요. 예를 들어 세월호 유가족들이 광화문에서 단식할 때 일베 유저들이 그곳에서 피자와 햄버거를 시켜 폭식 투쟁을 했고, 그것에 대해 일베에서 칭찬과 환영을 받을 거라 예상했지만 그렇지 않았죠. 이런 것이 독특한 측면이라는 거예요. 일베는 근본적으로 정치적 결사가 될 수 없는 한계를 가지고 있는 조직이죠.

일베의 혐오 담론 중에서도 가장 특징적인 것이 여성혐오예요. 그 어느 나라를 찾아봐도 여성혐오를 드러내는 온라인 극단주의는 거의 없어요. IS(이슬람국가)처럼 근본적으로 이슬람교의 여성혐오적인 측면을 가지고 있는 몇몇 단체를 제외하고 서유럽과 선진국에서 일베 같은 면을 보이는 커뮤니티는 없어요.

그런데 일베의 여성혐오 담론엔 중요한 측면이 있어요. 자신들이 '피해자'라는 생각이죠. '여성들 때문에 남자가 피해를 보고 있다', '능력과 자격도 없는 김치녀들이 그 이상의 것들을 사회로부터 가져가기 때문에 자신들이 피해를 보고 있다'는 생각이 그 실체죠. 이런 측면에서 일베가 온라인에서 퍼뜨리고 있는 여성혐오는 가부장적 남자들이 가지고 있는 여성혐오와는 다른 형태라는 거예요.

기본적으로 피해자 정체성이 장착되어 있는데, 이것을 지탱하게 해주는 것은 능력주의 이데올로기입니다. 정확히 말하면 능력주의라기보다 과잉능력주의hyper-meritocracy라 해야겠지만요. 이를테면 스펙이 좋거나, 좋은 대학을 나왔거나, 능력이 뛰어난 사람들은 다른 사람보다 훨씬 더 많은 권리를 누려야 하고 열등한 사람은 다른 사람보다 더 적은 권리를 누리는 것이 당연하다는 논리입니다. 이것은 한국 사회 전체에 상당 부분 내면화되어 있지만, 그게 가장 극단적으로 드러나는 집단이 일베라고 생각해요.

일베의 이런 사고방식은 이전부터 전조가 보였어요. 그 상징적인 사건이 2001년에 벌어진 '월장 사태'입니다. 부산대학교의 페미니즘 웹진에서 복학생에 대한 특집 기사를 올렸는데, 복학생들이 학과 모임에서 옆자리에 여자 후배를 앉히고 술을 따르게 하는 행태를 비판하는 내용이었어요. 그런데 부산대뿐만 아니라 전국의 복학생이 몰려와 월장 게시판을 쑥대밭으로 만들고 편집장의 전화번호를 알아내어 협박하는 사건이 있었죠. 그게 처음으로 온라인에서 여성혐오가 가시화된 사건이라고 생각해요. 자신들의 피해를 여성에게 투사하는 것이 아니었냐는 것이죠.

한국에 왜 여성혐오가 많은지 국방의 의무를 생각하면 어느 정도 설명이 돼요. 국가가 일방적으로 노동력을 착취하고 보상도 안 해준다는 남성들의 일반적인 피해 의식이 여성에 대한 혐오로 이어지죠. 여성은 자신들이 경쟁해야 하는 상대인데, 이들에게는 별다른 디메리트demerit가 없기에 결과적으로 본인들이 손해 보고 있다는 생각이 퍼지는 거죠. 자신이 당하는 피해의 원인이 여성이라고 잘못 귀인歸因하고 있어요. 슬픈 이야기입니다.

여성이건 남성이건 착취하는 것은 국가와 기업인데, 착취하는 주체에 대해 저항을 못하니 남성이 여성에게 혐오 감정을 투사해서 쏟아내는 것입니다. 여성 입장에서는 기존의 여성혐오만으로도 고통스러운데 온라인에서 김치녀라는 개념을 만들어 공격하니 더욱 분노가 터지는 거예요.

일베 측은 '김치녀'라는 말은 여성들이 '김치맨'이라는 말을 먼저 썼기 때문에 대안 폭력으로 만든 것이라고 주장했는데, 그것은 날조된 것이었어요. 그 주장이 사실이라면 김치녀라는 말이 2011년 이후에 만들어졌어야 하는데, 2009년부터 다른 커뮤니티에서 이미 쓰고 있었어요. 이렇게 많은 부분이 날조되고 과장되어 있어요.

이를테면 소개팅 때 상대 여성이 자신의 아파트 평수를 물어봤다는 식으로 상식 밖의 행동을 하는 여성들에 대한 글을 올려 공격하는데, 과연 그것이 팩트인가는 의문이라는 거죠. 실제로 그런 여성도 있지만 그것을 일반화시킬 수 있는가는 별개의 문제예요. 저는 몇몇 사례도 일베가 조작했을 가능성이 높다고 생각합니다.

큰 틀에서 보면 일베의 여성혐오는 가장 대표적인 약자 혐오 현상이에요. 한국 사회에서 폭력이 가장 난무하는 곳은 군대였죠. 과거부터 많은 인권단체에서 군대 폭력에 대해 문제제기를 해왔고, 현재는 폭력 사건이 확연히 줄어들었어요. 그와 반대로 여러 명의 선임병이 내성적인 후임병 한 명을 왕따시키는 바람에 자살 또는 총기 난사 사건이 늘어났어요.

과거와 달라진 폭력 양상은 혐오 정서가 사회적으로 확산되는 것과 무관하지 않습니다. 약자가 약자를 향해 자신들의 사회적 불만과 피해 의식을 투사하는 형태의 폭력이 여성들뿐만 아니라 다른 영역에서도 확산되고 있어요. 조사에 따르면 실제로 2~3년 전만 해도 20대 남성들 사이에서만 공유된 여성혐오 담론이 30~40대 남성들에게도 확산되는 양상이라고 합니다. 강남역 살인 사건이 단순히 정신질환자에 의한 범죄일 수도 있지만, 이 사건과는 별개로 여성혐오 자체에 대한 여성들의 분노는 심각한 사회문제입니다.

저는 일베를 분석할 때 크게 두 가지 동기로 나누었어요. 표층동기와 심층동기예요. 표층동기는 일베에서 겉으로 드러나는 동기들인데, 왜 일베는 '저렇게' 놀고 있는가에 대해서 '주목경쟁'이라는 표현을 썼어요. 주목경쟁은 인지과학자인 하워드 사이먼의 논문에 나오는 주목경제라는 말에서 착안한 개념입니다. 주목경쟁은 시장에서 지위를 확보하기 위한 투쟁이기 때문에 긍정적인 행동이 아니어도 할 수 있어요. 노이즈 마케팅 형태로 해도 되죠.

예를 들어 유튜브에 기이하고 더러운, 사회적으로 문제가 될 만한 행동을 해서 유명해진 유튜버들이 있어요. 그런 것들 또한 정보화사회에서는 자원이 됩니다. 일베가 정보화사회 특유의 행동 패턴, 즉 이러한 주목경쟁을 하고 있는 주체인 거죠. 또한 그들의 이해되지 않는 행동들 중 상당수가 주목경쟁이라는 개념으로 포착된다고 생각해요.

특히 전라도 혐오는 기존의 보수정당이나 조중동 같은 극우 언론들과 본질적으로 크게 다르지 않습니다. 하지만 그런 극우 언론이나 세력들은 대놓고 호남에 대한 혐오 발언을 쏟아내지 않아요. 정치적으로 해가 되기 때문이죠. 대신 호남에 대한 한국 사회의 혐오, 정치적 혐오를 갈등으로 치환해서 표현해요.

그런데 일베는 호남 혐오에 대해 정치적으로 표현하지 않고 적나라하게 인종주의적 발언을 합니다. 정치적으로 분석하면 해석할 수 없어요. 그렇다면 왜 노무현·김대중 전 대통령을 욕할까요? 관심을 받을 수 있기 때문이에요. 단순한 이유로 극단적인 행동을 하고 있죠. 일베는 온라인에서의 주목이 힘이 된다고 생각합니다.

심층동기로 이야기할 수 있는 것은 '피해자 의식'이에요. 자신들이 취업하지 못하고 삶의 기회를 얻지 못하는 사회, 국가, 기업으로부터 삶의 기회를 박탈당하고 착취당하는 상황에 대한 잘못된 인식들이 심층동기가 되어 일베로 모여들고 있다고 생각합니다. 그것을 '상상된 착취의식'이라 부르기도 하는데, 자신을 부당한 착취의 피해자로 자리매김하면서 본인의 몫을 타자에게 빼앗겼다는 박탈감을 내면화하는 것을 의미합니다. 이것은 자격과 능력을 문제 삼으며, 나보다 자격과 능력이 없어 보이는 상대가 무언가를 갖는 것에 대해 거부반응을 보이게 되는 것을 말하죠.

일베에 대해 표창원 국회의원은 '찌질한 루저들이라 저런

짓을 한다', '사회적으로 무시당하는 계층이라 다른 사람에게 공격적인 모습을 보인다'고 얘기했어요. 진중권 교수도 트위터에서 표창원 의원과 같은 의견이라고 공감했죠. 물론 이들은 일베에 원한 감정도 가지고 있겠지만, 사회적 위치가 일베의 결정적인 점인가에 대해선 의문스럽습니다. 일베에 대한 전수조사나 표본조사가 실시된 적도 없고, 일베에서 그런 이야기가 나올 때마다 '자신은 의사다, 변호사다, 명문대 출신이다' 하는 인증 글이 올라오기도 하죠.

저는 사회적 위치가 결정적으로 중요하진 않다고 생각하는데, 일베를 비판하는 사람들은 왜 그들을 루저로 보고 싶어 하는 것일까요? 일베 유저를 루저라고 특정 짓는 것이 일베 현상의 해명이라고 여겨지지는 않습니다. 오히려 일베 유저 개개인이 어떤 계급인가보다는 '일베는 무엇인가', '왜 하필 지금 그런 형태로 사회적인 불만을 표출하고 있는가'라는 것이 더 올바른 질문이라고 생각합니다.

헬조선이 말하는 것과 말하지 않는 것

얼마 전에 헬조선 담론이 무척 유행했어요. 어느새 한국 사회를 이야기하는 데 헬조선이라는 단어를 스스럼없이 사용할 만큼 일반화된 것 같아요. 제가 이 말에 주목하게 된 것은 표면적인 이유, 즉 '한국이 지옥처럼 살기 힘들다'는 말에 대한 것이 아니에요. 그런 상황을 매일같이 느끼며 살아가고 있으니 변명할 수 없는 말이죠. 그런데 헬조선이라는 표현을 쓰기 전에, 왜 한국 사회를 그렇게 지칭하게 되었는지부터 생각해 봐야 합니다. 그 부분에 중요한 의미가 숨어 있습니다.

결론부터 말하자면, 헬조선은 자국 혐오 담론의 결과입니다. 여성을 혐오하는 것처럼 자국 사회를 혐오하는 것이죠. 혐오가 만연한 사회에서 살아가는 사람들은 모든 것을 혐오하다가 결국 자기가 살고 있는 사회마저 혐오하게 됩니다. 우리 모두가 한 번쯤 깊이 생각해봐야 하는 문제입니다.

헬조선은 원래 '헬조센'이었어요. '헬'과 '조센'의 일본식 합성어인데요, 디시인사이드라는 인터넷 커뮤니티 역사갤러리에서 조선을 비하하는 의미로 사용되기 시작했어요. OECD 국가 중 한국이 자살률, 남녀 임금 격차, 노인 빈곤 문제, 최저임금, 저출산, 사교육비 등 여러 부정적인 측면에서 상위권에 랭크되어 있으니까 이것을 비판하기 위해 '헬조선'이라는 말을 사용했어요.

이 커뮤니티에 유명한 문답이 하나 있습니다. '한국을 헬조선이라고 부르는데 진짜 지옥과 비슷합니까?'라는 질문에요. 그런데 그 질문에 대한 답이 진실이라고 할 수 없지만 참 웃깁니다. '진짜 지옥에서는 죄지은 사람이 벌 받습니다'라는 답이 나왔어요. 커뮤니티 내에서 다양한 표현을 사용해 한국이 얼마나 살기 힘든 곳인지, 얼마나 지옥 같은 곳인지에 대해 논쟁하고 비판했죠. 그러다가 커뮤니티 회원들을 넘어 '헬조선'이라는 표현이 대중들의 공감을 얻게 되었고, 어느 순간부터 대중들이 한국 사회가 너무 살기 힘들다며 '헬조선'이라는 말을 쓰기 시작했어요.

기성세대는 청년 세대 사이에 떠오른 헬조선에 대해 어리둥절한 반응이었어요. 첫 번째 반응은 '한국보다 더한 지옥도 많다. 문제는 국가와 사회가 아니라 너 자신이다, 게으른 너 자신' 하는 식으로 꼰대 같은 반응들이 나왔어요. 능력이 없어서 취업 못하는 잉여들이 남 탓만 하고 있다고 비난하거나, '너희 헬조선 말고 다른 나라 가봐라, 별거 없다' 하는 식의 지적이 만연했죠. 기성세대의 반응들은 현재 헬조선 담론과 괴리되면서 오히려 젊은 세대의 반발을 야기했죠. 청년 세대가 기성세대에게 그런 대답을 들으려고 헬조선 담론을 형성한 게 아닌데 자꾸 꼰대 같은 이야기가 돌아오니까 얼마나 어이가 없었을까요.

우리가 헬조선을 말할 때 '미개한' 헬조선이라고 표현하는데, 노력이니 흙수저니 하는 말보다는 '미개하다'라는 말에 주목해야 해요. 저는 헬조선 담론의 핵심은 미개와 문명, 이 두 가지라고 생각합니다. 왜냐하면 문명과 미개라는 이분법과 헬조선이라는 표현 자체가 굉장히 유구한 역사와 전통을 갖고 있는 담론이기 때문이에요. 거슬러 올라가면 헬조선 담론은 춘원 이광수의 「민족개조론」*과 맞닿아 있어요. 조선 민족이 나태하고 게으르고 미개해서 일본의 식민지가 되었고, 그러한 민족성을 계몽하기 위해 개조 문화 운동을 해야 한다는 주장이에요. 그는 알다시피 친일파죠.

저는 헬조선 담론에서 말하는 '미개하다', 혹은 '문명이다'라는 이야기들이 구조적인 해법을 빼놓고 있다고 생각해요. 이를테면 '미국은 저런데 한국은 이렇네, 역시 미개해'라는 식의 이야기가 계속 반복되는 것은 「민족개조론」의 재상영이에요. 이런 미개와 문명의 이분법이 이광수의 「민족개조론」에서 이야기하는 타락한 민족성에 대한 비판과 그 결이 굉장히 유사하지 않습니까?

문명화 혹은 자본주의의 과정은 사회 진보와 다릅니다. 사회 진보는 소수자와 약자가 투쟁을 통해 획득한 권리들이 하나의 제도가 되고 문화가 되는 겁니다. 이것들을 문명과 미개라고 이야기해버리면 서구 사회가 마치 자동적으로 물질문명

●1922년 5월 이광수가 종합지 <개벽>에 발표한 논설.

이 발달하고 그에 따른 권리들이 쉽게 얻어진 것처럼 오해하게 됩니다. 그것은 주체가 서구화되었기 때문이에요. 우리는 당연히 문명화된 서구 사회를 지향해야 하는데, 중간에 사회를 어떻게 바꾸어나갈 것인가에 대한 생각이나 사고만 서구화되어 있다는 것이죠.

수많은 사람들의 헌신적 투쟁으로 쟁취된 것이 사회 진보입니다. 그런데 물질적으로 잘살게 되면 마치 그에 맞는 사회 진보가 자연스레 따라오는 것처럼 묘사하는 것은 전형적인 식민지 담론에 속합니다. 그렇기 때문에 우리는 식민지주의적인 사고를 할 수밖에 없는 것이고, 춘원 이광수가 근 100년 전에 말했던 수준의 담론에 계속 머물게 되는 것입니다.

저는 헬조선의 핵심 정동情動이 '혐오'라고 생각합니다. 분노는 세상을 바꿀 수 있는 감정입니다. 왜냐하면 자신이 분노하는 대상에 다가가 때리든지 설득하든지 간에 상대를 변화시키려고 해요. 그와 달리 문제의 대상으로부터 멀어지려고 하는 것이 혐오라는 감정이죠. 탈조선을 하려는 것도 사회가 혐오스럽기 때문이에요. 우리가 아무리 헬조선 담론을 해도 세상을 바꿀 수 없는 것은 담론 그 자체가 혐오에 기반을 두고 있기 때문이죠. 우리는 이 사회를 바꾸려고 하는 동기가 없다고 봐야 해요. 한국 사회가 너무 혐오스러우니까 이 미개한 사회에서 탈출하기 위해 돈을 많이 벌고 출세해서 성공하려는 것일 뿐, 내가 나서서 이 사회를 변화시키고 싶지는 않은 거죠. 이처럼 혐오라는 감정은 그 대상을 전혀 변화시킬 수 없어요.

그래서 헬조선 담론이 다른 형태의 담론으로 변하지 않으면 사회 진보를 가능케 하거나 사회를 개선시키는 데 도움이 되기 어렵죠. 혐오는 전 사회적으로 공유되고 있는 정동이기 때문에 누군가가 계몽을 한다고 사라지지도 않을 것이고, 새로운 변화가 급격히 일어나지도 않을 것입니다. 그럼에도 우리 사회를 변화시켜야 한다면 혐오가 아닌 다른 방향으로 대안을 모색해야 합니다.

제가 제안하고 싶은 한 가지는 사회의 적을 제대로 인식하라는 것입니다. 즉 가짜 적대들, 사이비 적대들을 구별해내는 능력을 키워야 한다는 것입니다. 이 가짜 적대는 히치콕 감독이 이야기한 '맥거핀Macguffin'●이라는 용어에 비유할 수 있습니다. 탁자 밑에 폭탄이 있는데 영화 속 주인공들은 폭탄이 있는지 모릅니다. 하지만 관객들은 시한폭탄이 있다는 것을 눈으로 보고, 그것이 언제 터질지 모른다는 긴장감에 휩싸입니다. 그런데 영화가 끝날 때까지 그 폭탄은 터지지 않습니다. 그건 관객들에게 긴장감을 주기 위해 영화 속에 감독이 만든

● 히치콕 감독이 영화에서 극적인 줄거리를 역동적으로 전개시키기 위해 사용한 이래 보편화된 용어로, 관객이 줄거리를 따라잡지 못하게 하는 히치콕식 속임수 장치를 말한다.

장치일 뿐이죠.

소셜 맥거핀도 그와 다르지 않습니다. 실제로는 갈등이 없는데 마치 갈등이 있는 것처럼, 실제로는 적대가 존재하지 않는데 마치 적대가 존재하는 것처럼 권력자들이 만들어내는 환상적인 적대들이죠. 저는 이것을 '혼을 담은 구라(?)'라고 표현하는데, 이런 가짜 적대들 때문에 우리가 진짜 싸워야 될 곳에서 싸우지 못하고 엉뚱한 곳에 힘을 다 쏟아버리죠. 결국에는 진짜 싸워야 될 곳에서 싸우지 못하고 힘이 빠져 후퇴해버리는 경우가 많은 것 같아요. 저는 이런 식의 가짜 적대들, 가짜 갈등들이 지금도 여전히 우리 사회에 만연해 있고 무수한 갈등을 이상한 형태로 증폭시키고 있다고 생각합니다. 혹은 왜곡된 갈등들 때문에 사람들이 사회에 대한 혐오가 증폭되는 악순환에 빠진 게 아닌가 하는 생각도 듭니다.

그럼 그 가짜 적대를 어떻게 알아볼 수 있을까요? 결국 사람들이 그 적대에 대해 좀 더 세밀하게 알아보고, 언론이 정말로 진실을 보도하고 있는지 차분하게 챙겨보는 수밖에 없습니다.

그 과정에서 정치의 역할이 크다고 생각합니다. 정치라는 것이 반드시 더럽고 오염된 것이 아닌데도 우리는 혐오스러워하며 미뤄두죠. 결국에 정치라는 공간은 그들만의 리그, 혐오스러운 사람들끼리 권력투쟁을 하는 곳으로 내팽개쳐진 상황인 거예요. 그런 상황이 혐오의 확산을 방조한 것이 아닌가 하는 생각을 해봅니다.

'이 헬조선에서 어떻게 살아남아야 하느냐', '이 청년 세대의 문제를 어떻게 해결해야 하느냐'고 물어보면 저 역시 뾰족한 해결 방법은 없다고 대답합니다. 그렇다면 우리 자신이 처한 문제를 초인이나 메시아, 미륵불 같은 존재가 해결해줄까요? 제가 좋아하는 미국의 페미니스트 시인이 이런 말을 했어요.

'우리가 기다리던 사람은 우리다.'

결국 우리의 문제는 우리가 나서서 해결할 수밖에 없습니다. 우리 스스로 네트워크를 만들고, 자주 모이고, 문제를 해결하기 위해 함께 노력해야 하는 것입니다.

제4강

더 단단하게, 꺾이지 않게

변영주

변영주

여성을 향한 끊임없는 관찰과 탐구의 시선을 지닌 영화감독,
진보적이고 혁명적인 삶과 현실에 안주하는 삶 사이에서 방황
하다가 대학 졸업 후 공장에 들어갔지만 3일 만에 그만두고 한
국 영화 역사상 최초로 극장에 개봉한 다큐멘터리 「낮은 목
소리」로 주목받으며 영화감독으로 활동하가 시작했다.

○○○

    우리가 '난폭운전을 하는 김여사'라고 말하면 여혐(여성혐오)일까요? 운전 못하는 중년 여성이라는, 약간 비하하는 느낌이 들잖아요. 그렇다면 우리 모두 '그 말은 여혐에 해당하니까 쓰지 말자'고 외우면 됩니다. 아무 생각 없이 넘어가다 보면 괜히 여혐으로 몰릴 수도 있고, 누군가를 '여혐이다'라고 공격하는 것도 행복한 일은 아니잖아요.

    이번에는 이렇게 생각해봅시다. 김여사는 난폭하게, 혹은 매너 없이 운전하나요? 아니면 우리나라에서 자가 운전하는 사람들 중에, 특히 여사라고 불릴 만한 30대 중·후반부터 50대 중·후반까지의 기혼 여성들이 이상하게 운전하나요? 김여사는 어떤 일을 하는 사람인가요? 사실 김여사는 우리의 어머니예요. 어머니들은 운전을 아주 잘하시나요? 왜 운전을 못할까요? 왜 룰을 지키지 않고, 터무니없는 곳에 주정차를 할까요? 왜 뻔뻔하게 비상등만 켜놓고 쳐다보지도 않고 미안해하지도 않을까요?

김 여사, 혹은 고립된 존재

저는 그것이 역할 때문이라고 생각합니다. 어머니라는 역할은 필연적으로 이기적이에요. '우리 가족이 잘돼야 한다'라는 것이 룰이잖아요. 그렇다면 아버지들은 이타적인가요? 이타적인 척하는 훈련을 많이 받았죠. 우리는 그걸 되게 멋진 말로 '사회화'라고 합니다. 실질적으로 전업주부들은 사회화되지 못하고 고립됩니다. 이 사회에서 어머니란 역할이 없으면 안 된다고 생각하기 때문에, 그 역할에 굉장히 많은 의미를 부여하는 거예요. 그래서 사회에서 고립된 자신을 비판적으로 보지 못하는 거죠. 그러다 보니 일상적인 행동에서 사회화가 덜 된 것처럼, 배려하지 않는 것처럼 보일 수 있어요.

'저분은 왜 저렇게 자기만 생각하지?'

예를 들면 '5분 세일' 때 목숨을 걸고 달려가는 모습이요. 사실 어머니들이 그러는 건 자신을 위해서라기보다 가족들을 먹이기 위한 거예요. 그 덕분에 먹고사는 부분이 있는데도 우리는 그녀에 대해 배타적이에요. '난폭운전을 하는 김 여사는 여혐인가'를 고민할 때 운전 솜씨 따위는 아무런 상관이 없다는 거예요. '여성이기 때문에' 난폭한 것이 아니라 현재의 사회적 관계가 그녀를 사회로부터 끊임없이 고립시키려는 어떤 부분이 있기 때문인 거죠.

엄마라는 존재, 가족이라는 존재는 쉽게 이해하기 힘든 것입니다. 이 세상에서 누구를 제일 존경하느냐고 물어보면 부모님이라고 대답하는 사람들이 있어요. 자식을 위해 너무나 많이 희생하셨다고요. 그런데 보통 모르는 사람을 위해서 희생하는 사람에게 존경한다고 말하지 않나요?

엄마 아빠는 왜 우리를 위해 모든 걸 다 해줄까요? 흔히 부모의 본성 같은 거라고 말하잖아요. 보통 우리가 존경하거나 사회적으로 귀감이 되는 경우는 본성을 거부하고 이성의 힘으로 이타적일 때예요. 내가 더 위험해지겠지만 저 사람을 살리는 게 더 중요하다고 생각하고 행동할 때, 우리는 그것을 존경하고 사회적으로 귀감이 되고 그런 사람들이 세상을 바꾼다고 이야기합니다.

바꿔 말하면 엄마 아빠는 존경의 대상이 아니에요. 존경할 이유가 없어요. 엄마 아빠가 제 자식이 아니라 동네에서 가장 가난한 사람을 위해 희생할 때 존경할 수 있는 거예요. 자기 가족만 지키는 사람이 존경받는 세상은 정나미가 뚝 떨어지죠. 사회에서 겪게 되는 수많은 불평등과 부당함은 대부분 내 가족만 생각하는 사람이 존경받는 환경에서 비롯되는 거예요.

결국 김여사라는 표현을 두고 '이것은 여혐이다'라고 말하는 것은 하나도 중요하지 않다는 거예요. 김여사에게 관심을 가질 때, 김여사가 왜 그렇게 운전하고 왜 그렇게 불리는지를 생각해볼 때 '김여사'가 왜 인터넷 유머가 되는가까지 고민하지 못하면 세상을 읽기가 어렵다는 거예요.

우리가 흔히 '문화 연구', '문화 비평', 또는 '사회 비평'이라고 얘기하는 이론만 어려운 것이 아니라 이처럼 현실 세계의 일부분을 읽어내는 것도 무척 어려운 일이죠. 왜냐하면 그 안에 굉장히 복합적인 것들이 들어 있기 때문입니다. 바꿔 말해서 현실 세계의 어떤 증거, 이를테면 '난 저 사람의 이기적인 운전, 매너 없는 운전이 싫어. 그런데 그녀는 전업주부야'라는 것이 통계가 된다고 해도 그것이 사실이 될 수는 없다는 거죠. 그 안에는 수많은 사회적 관계, 또는 진실이 숨겨져 있기 때문이에요.

그런데 우리는 '무엇은 무엇이다'라고 규정하는 것을 왜 중요시할까요? 제가 20대였을 때도 그랬던 것 같아요. 정말 오래된 거죠. 단순했어요. 어떤 드라마에서 가난한 사람을 응원하는 얘기만 나와도 그 드라마 작가, 배우들 또는 연출자가 다 우리 편일 거라는 생각을 하게 돼요. 무섭고 두렵기 때문인 거죠. 우리가 현실 세계에서 왜 사회적인 인간이냐 하면, 우리는 언제나 '우리 편'이 있기를 바라요. 나와 같은 생각을 하는 사람이 있기를 바라요. 그런데 어떤 생각이 같은지를 분석하기 시작하면 사실 진짜 우리 편은 거의 없어요.

예를 들어볼게요. 수요일마다 일본군 위안부 피해 할머니들이 일본 대사관 앞에서 시위를 해요. 수많은 사람들이 거기에 동참해요. 다 우리 편 같아 보이지만 '아, 일본에 복수하고 싶어' 하는 사람이 있고, '우리나라가 힘이 없어서 그래. 다시는 식민지가 되면 안 돼'라고 생각하는 사람도 있어요. 또 '근데 이 할머니들은 그런 피해를 당하고 어떻게 50년 동안 입을 다물고 있었을까'를 고민하면서 온 사람도 있겠죠. 이렇게 다양한 생각을 하는데, 과연 그들은 같은 편일까요?

요즘 SNS에서 굉장히 유행하는 '너는 무엇이다'라고 상대방을 규정하는 것은 누군가를 공격하고 싶기 때문이 아니라 최대한 우리 편이 누구인지를 알고 싶기 때문에, 그 두려움에서 출발하는 거라고 생각해요. 놀랍게도 그 두려움은 우리의 성장과 보다 나은 삶을 사는 데 전혀 도움이 되지 않죠. 우리 편이 많아질수록 이기는 게 아니에요. 우리 편이 많아지는 것조차 결과일 뿐이죠. 그 결과를 향해 나아가려면 '나는 구체적으로 어떤 생각을 하는 사람이고, 너는 구체적으로 어떤 생각을 하는 사람이다'라며 서로 이야기하는 과정이 필요한데 무조건 우리 편이 많아졌으면 하는 마음이 들죠.

문제의 본질이 무엇인가

이번에는 군가산점제도에 대해 이야기해볼게요. 예전에 있었던 제도인데 위헌으로 판결났어요. 그 위헌심사를 누가 요청했을까요? 이화여대 학생들도 아니고 여성 단체도 아닌, 장애인 단체였어요.

이 군가산점제도를 젠더 문제로 이용하는 사람들이 있어요. 그러면 굉장히 많은 부분이 감춰져요. 우선 군가산점제도가 위헌이라는 것은 평등권에 위배된다는 거예요. 이것은 남녀의 평등권 문제가 아니지요. 군가산점제도는 군 복무 뒤 취업을 할 때 가산점을 받는 것입니다. 그렇다면 농사짓는 사람이나 자영업자, 또는 집에서 부모님의 일을 돕는 사람들은 그 가산점을 무엇으로 받죠? 이것이 바로 위헌이라는 겁니다.

군가산점제도의 핵심이 뭘까요? 국가를 위해 일정 기간 동안 의무적으로 복무한, 그것도 힘든 환경에서 보낸 사람들에게 혜택을 준다는 거잖아요. 그런데 왜 치사하게 취업하는 경우에만 혜택을 주느냐는 거죠. 이것은 애초에 젠더 또는 장애 문제, 군 복무 여부에 달린 게 아니라 국방의 의무를 다한 사람들 안에서의 평등권 문제라는 거예요.

그럼 어떻게 해야 할까요? 저는 '감세'를 해야 한다고 생각했어요. 나라를 위해 어떤 의무를 다한 사람들에게는 합당한 혜택이 주어져야 하니까요. 그것이야말로 국가가 해야 하는 일이지요. 혹자는 왜 여성들에게도 그러한 혜택을 주지 않느냐고 따져 물을지도 몰라요. 이때 가장 경계해야 할 것은 '나에게 어떤 혜택이 없기 때문에 다른 사람도 혜택을 받으면 안 돼'라는 반동적인 의견이에요.

군가산점제도가 처음에는 아주 편의적인 방편으로 도입되었을 테지만, 사실 저는 그 자체가 위헌이라고 생각하지 않아요. 오히려 그러한 혜택을 받게 해야 한다고 생각해요. 또한 그와 별개로 여러 방면에서 장애인이나 여성이 차별받지 않도록 문제 해결과 개선을 요구해야 합니다.

사회가 어떤 마이너리티나 정체성에 대해 불평등 혹은 부당한 상황을 만들 때 그것을 없애달라고 이야기하는 것은 굉장히 중요합니다. 국가가, 그리고 정부가 존재하는 이유죠. 그런데 우리가 이용당하고 있는 건 아닌가 하고 생각하면 군대에서의 폭력 문제, 열악한 시설과 장비 문제, 그리고 국방부의 그릇된 관행 등을 함께 개선해나가면서 보다 많은 국민이 자신의 의무를 다하도록 만들어주는 것이 아니라 그 사람들끼리 서로 싸우게 만드는 거죠.

예를 들어 편의점 주인과 아르바이트생이 있어요. 편의점 주인은 정말 치사하죠. 그런데 이 사람을 괴롭히는 건 건물주와 프랜차이즈 기업이에요. 매출 중 대부분은 그 사람들이 뜯어가요. 그런데도 그들과 싸우지는 않죠. 싸울 생각조차 안 해요. 싸워도 질 거라고 생각하니까. 대신 아르바이트비를 깎죠. 아르바이트생 입장에서는 자기가 왜 이 말도 안 되는 돈을 받는지 알고 있어요. 돈을 주는 계약상의 '갑'이라는 사람은 사실 갑이 아닌 거예요. 그러나 이 갑도 아닌 갑과 을은 연대해서 진짜 갑들과 싸우지 않아요. 그냥 이 둘끼리의 싸움인 거예요. 돈을 안 주는 악덕 사장과 돈밖에 모르는 악덕 알바생만 남죠. 세상은 바뀌지 않고 우리끼리는 끊임없이 적대적으로 변하죠.

혹시 군가산점제도나 '김여사'에도 그런 게 있지 않을까요? 사실은 세상을 더 낫게 변화시킬 수 있고 성별, 인종, 정체성으로 인한 경제적·사회적·정치적 차별도 받지 않고 온전하게 건강한 시민으로 살 수 있는데, 그 다양한 방식을 논의하기 위해 어떤 길로 가야 하는데 그 논의 자체도 감정적이죠.

크게 보면 을이나 다름없는 사람들끼리 치고 박고, 서로를 혐오하고 경계해요. 사실 우리 동네에 더 엄청난, 지독한 매연을 뿜어내는 공장이 문제인데 옆집에서 고기 굽는 것 때문에 내가 폐병에 걸릴 것 같다고 생각하게 만드는 것들이 있다 보니 결국 좋은 세상은 구경조차 못하는 게 아닌가 하는 생각을 하게 돼요.

우리가 너무나 누군가를 혐오하는 데, 또는 누군가를 혐오

한다고 주장하는 데만 익숙해진 건 아닐까요? 그래서 언젠가부터 SNS가 재미없어졌어요. 그 이유는 '얘네는 왜 이러지?', '왜 싸우지?', 또는 '이 이슈는 정말 그것뿐인가?'라는 거예요.

구체적으로 생각하고 연대하라

요즘 한국 사회의 20대는 불행한가요? 그렇다면 구체적으로 왜 내가 불행한지 써보았어요? 사실은 불행한 게 아니라 어쩌면 잘될지도 모른다는 생각을 하면서 불안해하는 게 아닐까요? 구체적으로 무엇이 불안한지도 써보았어요?

제가 하고 싶은 말의 핵심은 단 하나예요. 구체적이지 않으면 바보가 돼요. 구체적이지 않으면 내가 무엇과 싸워야 하는지 알 수 없어요. 우리 모두 나이도 다른데다 각자 불행한 이유가 너무나 다양해요. 누군가와의 관계 때문에 불행할 수도 있고, 자기 욕망이 현실화되지 못하는 데서 오는 불행도 있어요. 나라는 존재와 내가 되고 싶은 존재 사이의 고민 또는 갈등 때문에 불행할 수도 있고 무작정 불안할 수도 있어요.

아주 구체적이고 실질적인 사회문제도 있죠. 등록금 문제를 비롯해 월세나 전세, 알바비의 문제일 수도 있어요. 그리고 필연적으로 한국 사회는 대부분의 나라와 마찬가지로 저성장에 익숙해지고 기존의 직업군이 축소되어가는 변화 속에서 부모님 세대도 불안해요. 사실은 그게 더 옥죄이는 느낌을 주죠.

여성들의 경우 전 세계에서 가장 높은 수준의 불평등 사회에서 살고 있죠. 사회적·경제적·정치적으로 불평등하니까 당연히 폭력지수도 높을 수밖에 없고요. 또 여전히 한국 사회가 가부장적인 사회라는 것은 여성만 불행하게 만드는 것도 아니에요. 남성에게 과도한 의무를 주니까요.

일마 전에 누군가가 "왜 한국 사회는 타인의 불행에 대해 덜 슬퍼할까요?"라고 물었어요. 지금껏 한 번도 생각해본 적이 없는데 나도 모르게 "한국전쟁 때문이야"라고 말했어요. 근데 맞는 거 같은 거예요. 전쟁은 정말 끔찍한 거예요. 한국전쟁 세대는 수많은 시체를 보면서 자기들만은 살겠다고 버텨냈어요. 누군가를 뿌리친 게 다행이라고 생각할 수밖에 없었어요. 전쟁이 끝난 뒤에는 먹고살기 위해 경제 현장에 투입되었어요. 그러면서 자식들에게 피난 교육을 시켰어요.

'우리 가족이 잘돼야 해. 우리 가족은 살아남아야 돼. 홍수가 나면 우선 높은 데로 도망가. 뭘 들고 도망가야 돼? 통장은 여기 있고 집문서는 여기 있어.'

이 사회를 꾸려가는 작은 단위로서의 '가족'이라는 개념으로 교육하지 못했어요. 그러다 보니 피난 교육이 대물림되어 타인의 불행에 대해 크게 슬퍼하지 않는 게 아닐까요. 예를 들면 어버이연합의 할아버지들은 정말 단돈 2만 원 때문에 광화문의 세월호 유가족에게 말도 안 되는 행동을 했을까요? '누구나 살다 보면 그런 일을 당한다'라는 강박적이고 잘못된 생각 때문이 아닐까요? 아직까지 그 세대가 끝내지 못한 정치적 트라우마가 있는 건 아닐까 하는 생각이 들었어요.

두 번째로 생각하는 것은 '측은지심'으로 출발하는 게 얼마나 중요한가라는 거예요. 어느덧 사회가 강박적이고 많은 부당함을 겪게 되면 우리에게 다가오는 첫 번째 유혹의 손길은 자기 연민이에요. 이 세상에서 내가 제일 불행한 것 같은 거죠.

「화차」라는 영화를 만들 때 '아마 이 영화가 잘 만들어지면 많은 관객들이 여자 주인공을 무척 불쌍하다고 여길 거야. 그러면 이 영화는 엄청난 호평을 받게 될 거야'라고 생각했어요. 그렇다면 어떻게 해야 이 여자를 불쌍하게 만들 수 있을까요? 우리는 이 여자가 자기 연민이라는 강박적인 심리 안에서 얼마나 거대한 괴물이 되었는가를 보여주기로 했어요. 자기 연민이라는 건 필연적으로 연대를 거부하는 것입니다. '내가 제일 불행한데 왜 너랑 손을 잡아'라는 생각이에요.

그런데 정말 이 세상에서 내가 제일 불행할까요? 그렇지 않아요. 내 불행이 커 보일 뿐이에요. 실연을 당했을 때 처음에는 내가 잘해준 것만 생각나지만, 시간이 지날수록 내가 못해준 것들을 떠올리면서 '아, 잘 살아야겠구나'라고 마음먹는 순간 어른이 되거나 연애 박사가 되죠. 그런 것처럼 결국은 '나의 불행과 너의 불행이 어떻게 다르고 어떻게 같은가'조차 서로 이야기하지 않으니까 구체적이지도 않고, 타인의 불행에 대해 측은지심이 없다 보니 스스로를 끊임없이 고립시키는 거예요.

세 번째로 얘기하고 싶은 건 '절대로 고립되지 말라'는 거예요. 예전에 제가 좋아했던 문구 중에 '연대를 구하되 고립을 두려워하지 말라'는 말이 있어요. 그런데 고립되는 것을 경계하려면 같은 조건에 있는 이들끼리 자주 얘기하는 것이 가장 중요해요. 하지만 그러지 못하는 것 같아요.

우리는 흔히 어떤 상징적인 사람이나 내 인생에 도움이 될 것 같은 사람의 말을 듣죠. 예를 들어 '한국 사회의 정치, 현대적인 정치는 어떤 걸까'를 고민할 때는 팟캐스트를 들어요. 소통은 존재하지 않아요. 누군가를 지지하는, 믿는, 싫어하는, 혐오하는, 증오하는, 의심하는 나 자신만 있는 거죠. 하지만 모두 알다시피 어떤 정권이 와도, 누가 대통령이 되더라도 한국 사회가 눈이 확 뒤집어질 정도로 좋아지지는 않아요. 우리 인류는 저성장 시대를 처음 겪어요. 그런 만큼 세상은 점점 더 어려워지고, 그럴수록 중요한 건 옆에 있는 사람들과 측은지심으로 대화하는 거예요.

이제는 관계가 가장 중요해요. 살다 보면 누구나 함정에 빠져요. 기성세대는 이미 그 함정에서 기어 올라온 경험이 있어요. 그런 사람들이 어디를 잡고 올라오면 편하다고 얘기해요. 그것은 곧 백신을 너무 일찍, 너무 많이 맞는 것과도 같아요. 열이 조금 오르고 목이 아플 뿐인데 자꾸만 백신을 처방하면, 정말 큰 병에 걸렸을 때는 이미 효과가 없어지는 거죠. 온라인 게임을 할 때 100레벨인 아이가 1레벨인 아이보다 질적으로 뛰어난 것이 아니라 단지 먼저 시작했을 뿐이라는 거예요. 그것은 삶의 지혜가 아니라 경험의 차이예요. 우리는 그냥 그걸 아는 거예요.

혁명가에서 영화감독으로

1988년에 저는 대학 4학년이었는데, 그때서야 졸업한 뒤 갈 곳이 없다는 사실을 깨달았어요. 1980년대 대부분의 사람들이 그랬던 것처럼 저도 학생운동을 했어요. 학생운동도 하고 이것저것 하다 보니까 졸업할 때가 되었어요. 법학과를 다닌 저는 4학년 1학기가 끝난 뒤의 평점이 1.98이더라고요. 그당시는 지금보다 취직하기가 어렵지 않았지만 1.98로는 취직이 불가능했어요. 그래도 저는 3학년 2학기 때까지 별다른 걱정을 하지 않았어요. 공장에 들어갈 거라고 생각했거든요. 혁명가가 되기 위해 공장 노동자로 살 거라고요.

그러다가 3학년 여름방학 때 아이스크림 껍데기를 만드는 공장에서 아르바이트를 했죠. 그런데 3일 만에 도망 나왔어요. 내 옆에서 일하던 친구가 비닐 껍데기를 박기 위해 전기 미싱기를 돌리는데 손이 툭 들어가 피가 솟는 걸 보는 순간 더이상 못 있겠다는 생각에 곧바로 도망쳤어요. 그러고는 절망했죠. 세상을 바꾸는 혁명가가 되려면 해야 할 게 너무 많았어요. 그에 비해 나는 겁이 많고 나약한데다 그 일이 재미있지도 않았거든요. 미싱을 하면서 마음속에서 혁명의 불길이 일어나야 하는데 '아, 대체 언제 퇴근이야' 하는 생각밖에 나지 않았어요. 나한테 맞지 않았어요. 적성검사를 해볼 수도, 취업 상담소를 찾아가 테스트해볼 수도 없는 노릇이었어요. 학교 성적은 나쁘고 혁명가는 될 수 없는 상황이었어요.

막내인 저는 언니 오빠와 나이 차이가 많아요. 제가 대학교에 다닐 때는 이미 사회인이었어요. 부모님이 제 꼴을 보다가 얼마나 걱정되었는지 언니 오빠를 붙잡아놓고 말했대요. '너희가 얼마나 착한지 알고 있다. 그리고 너희가 막내를 얼마나 예뻐하는지도 알고 있다. 너희가 돈을 모으면 동네에 책 대여점이라도 내줄 수 있지 않겠냐'라고요. 실제로 언니 오빠가 6

개월 동안 돈을 모았다고 해요. 물론 그 돈을 받지는 못했지요.

딱 그때 연습장 같은 노트에다 내가 세상에서 가장 좋아하는 것들을 열심히 쓰기 시작했어요. 그것은 곧 나를 파악하는 과정이었어요. 자기 자신을 파악하려면 한 줄로 된 문장이 아니라 여러 줄로 된 구체적인 문장이 필요해요. 이를테면 '나는 거짓말하기를 무척 좋아한다. 왜냐하면 거짓말을 하는 순간 급격하게 말을 바꾸며 새로운 이야기를 만들어낼 때의 떨림을 좋아하기 때문이다'라는 식으로요. 그다음 페이지에는 내가 싫어하는 것들을 적어보았는데, 어차피 고치지 못할 것들이기에 찢어버렸어요.

그런 고민을 거듭하다가 '영화'를 떠올렸어요. 부모님께 영화를 만들고 싶다고 하자 선뜻 허락해주었어요. 어차피 별다른 희망이 보이지 않는 애였으니까요. 그 당시 저에게 영화를 한다는 건 가난해지는 일이었고, 미지의 세계로 가는 일이었고, 망할 것이 분명하다고 생각하는 길이었어요. 그런데도 괜찮았어요. 어차피 내 선택지 중에 성공할 가능성이 보이는 건 없었으니까요. 지금 무척이나 암울한 상태라면, 나쁘지 않아요. 핑계거리를 찾아보세요. '헬조선 때문이야'라고요. 그 당시 제가 그랬어요. '영화 만들다가 망했어요'라고 말하면 사람들이 밥 한 끼는 사줄 것만 같은 거예요. 그래서 '영화'를 선택했어요.

단단해지기 위한 훈련

저는 전형적인 중산층 가정에서 태어나 등록금 걱정 없이 대학을 다녔어요. 영화를 만들겠다고 하면서부터 아버지는 모든 경제적 지원을 끊었어요. 실질적으로 생활고가 오기 시작했죠. 그때부터 '영화를 끝내 못 만들면 결혼식 비디오를 찍으면서 살겠구나'라고 생각했어요. 그런 아르바이트를 했거든요.

그런데 저한테 영화 일을 하는 데 최고의 장점이 있다는 것을 발견했어요. 이 세상을 가질 수 있는 것과 가질 수 없는 것으로 나누는데, 그중에 정말 갖고 싶은 걸 하나 갖고 나머지는 포기하는 거예요. 그렇게 포기한, 갖지 못한 것에 대해서 어느 순간 갖고 싶지 않았다고 생각하는 성격이 저의 가장 큰 장점이었어요. 그래서인지 저는 자기 연민에 빠지지 않았죠.

저는 동창들의 결혼식에 한 번도 가본 적이 없어요. 축의금 낼 돈이 없었거든요. 그러니까 갈 수가 없는 거예요. 그러면 스스로 불행하다고 우울해할 수 있잖아요. 하지만 저는 대한민국의 결혼제도에 문제가 있다고, 호적이라든가 가족제도라든가 가족관계법이 개선되지 않고는 민주 사회가 될 수 없다고 생각하는 거예요. 우정보다 정치적으로 올바른 걸 선택한다고요. 저는 그것이 즐겁게 살 수 있는 가장 중요한 방법이라고 생각해요.

아이폰과 아이패드가 비슷한 시기에 신형이 출시되면 무엇을 가질까 고민하는 거예요. 설령 둘 다 가질 수 있더라도, 그건 제 스스로 해서는 안 되는 행동이라고 생각해요. 가난해질 준비를 하는 거죠. 그래야만 하고 싶은 걸 할 수 있다고 믿어요. 그런 경우에도 아이폰을 신형으로 바꾸면 좋은 점과, 아이패드를 신형으로 바꾸면 좋은 점을 적어봐요. 별것 아닌 선택인데도 기쁜 건 갖지 못했다고 분하지 않다는 거지요.

누구나 모든 것을 갖진 못해요. 우리가 원하는 무언가를 위해 포기해야 되는 건 너무나 많아요. 언젠가 저도 더 이상 영화를 못 만들 상황에 놓일 수 있어요. 그러더라도 저는 불행해하지 않을 자신이 있어요. 그것은 나 스스로에게 교육시킨 거예요. 젊은 시절에는 분하고 억울할 때마다 그냥 이를 악물었어요. 그러면서 얻은 건 성공과 실패가 나의 행복과 불행을 좌지우지하지 못한다는 것이었어요. 지금 당장 가질 수 있는 것, 해낼 수 있는 것, 옆에 두고 싶은 것과 그러지 않아도 되는 것을 보다 세밀하게 나누는 습관을 들인다면 이전보다 훨씬 더 단단해질 수 있어요. 심장이 단단해져야 한다는 거죠.

저는 어떤 문제에 대해 구체적으로 대답하지 않고 얼버무리는 걸 싫어해요. 예를 들어 연출부 중 한 명이 자료가 들어있는 USB를 집에다 놓고 왔을 경우, 그 이유를 말하기 전에는 회의를 진행하지 않아요. 어떠한 이유이냐에 따라 해야 할 행동이 달라지기 때문이에요. 즉 건망증 때문인지, 그 자료가 중요하지 않다고 생각했기 때문인지, 아니면 누군가를 골탕 먹이기 위해서인지 등에 따라 대처법이 달라야 하죠.

이처럼 '왜냐하면'이라는 답에 따라 우리의 행동은 너무나 달라져요. 따라서 그 이유를 물을 때 '그냥요', '저도 잘 모르겠어요', '제 뜻은 그런 게 아니었어요', '제 마음은 원래 그런 게 아니었어요', '저는 원래 그럴 생각이 아니었어요'라고 대답해선 안 돼요. 모든 것은 애초에 스스로 선의에서 시작한다고 믿기 때문이에요.

점심을 먹으러 단골 식당에 가요. 그러면 주인아주머니가 "김치찌개 먹어"라고 말하는데 저는 "왜요?"라고 물어봐요. 아주머니가 "야, 너희 단골인데 오늘은 날 좀 도와줘. 오늘은 손님이 너무 많으니까 김치찌개를 먹어다오"라고 말하면 저는 김치찌개를 시켜요. 하지만 아주머니가 생각하기에 "오늘 김치찌개가 제일 잘됐어"라고 하면 저는 다른 걸 먹어요. 이런 식으로 저는 궁금한 것을 멈추지 않는 습관을 갖게 되었어요.

사람들이 가끔 "넌 왜 그렇게 말을 잘해?"라고 물어보는데, 저는 스스로 정말 열심히 훈련했어요. 예전에 「낮은 목소리」라는 영화를 만들 때였어요. 당시에는 독립영화를 지원해주는 제도가 없어서 직접 돈을 구해야 했는데, 우리는 후원 배지를 만들었어요. 이 배지를 팔려면 일일이 찾아다니며 이야기하는 수밖에 없었어요. 그런데 내가 말을 잘할수록 사람들이 많이 사주는 거예요. 그래서 더 열심히 훈련했는데, 어느 날부터 정말 말이 느는 거예요.

나의 상태를 아주 구체적인 문장으로 설명하려다 보니 또 한 가지 얻게 된 것이 있어요. 이것은 영화감독이 가져야 하는 중요한 조건이기도 한데, 머리나 가슴에서 생각하고 있는 어떤 장면을 상대방이 알아듣게 설명하는 거예요. 그래야만 감독이 꿈꾸는 장면을 스태프들이 똑같이 꿈꾸며 그 신scene을 향해 달려갈 수 있기 때문이죠.

영화는 개인 작업이 아니라 공동 작업이기 때문에 제 머릿속에 있는 생각을 아주 명백하게 다른 사람도 똑같이 상상할 수 있도록 설명해야 해요. 같은 길로 뛰어간다고 생각했는데 결승점이 모두 다르다, 그런 순간 영화가 일그러지거든요. 그래서 저는 매번 '답을 해라. 그냥이라고 말하지 마라. 말이 안 돼도 좋으니까 끊임없이 말을 이어가라. 말을 이어가다 보면 상대방과 드디어 대화를 넘어서서 토론도 할 수 있게 된다'고 강조해요. 토론이라는 건 구체적으로 치졸해지는 거라고 저는 생각해요.

일본군 위안부 피해 할머니 문제에 대해 토론한다고 해봅시다. 그런데 어떻게 해야 토론이 될까요? 일단 구체적으로 얘기되어야 해요. 이를테면 우리나라 사람들에게 가장 중요한 문제는 '왜 할머니들은 50년 동안 입을 다물고 있었나?' 예요. 그런 피해 사실이 있었는데도 왜 50년간 철저하게 숨겼는가를 이해하지 않고는 한국 현대사 또는 지금 한국 사회의 성과 관련된 다양한 폭력과 피해자의 태도를 연결시킬 수가 없겠죠.

어느 날 열서너 살의 소녀가 소꿉장난을 하고 있는데, 갑자기 일본 군인들이 들이닥쳐 몇 대 때리더니 머리채를 끄잡고 트럭에 태웠다고 증언한 할머니는 거의 없어요. 실질적으로 강제 연행이 시작된 건 1940년 이후니까, 일본이 궁지에 몰렸을 때예요. 그렇게 강제 연행된 사람들 중에 생존자가 있을까요? 끌려갈 때부터 이미 폭력을 당한 사람이 그 지옥 같은 곳에서 살아남았을까요? 현재 생존한 할머니들은 대부분 그 이전에 '공장에 취직시켜주겠다', '돈 벌러 가자'라는 말에 속아서 갔다가 강제적으로 갇힌 채 위안부 생활을 했던 거예요.

그러니까 '위안부 피해 할머니' 하면 떠오르는 이미지와 실제 할머니들이 구체적으로 발언한 것이 다르다는 거예요. '그럼 덜 슬퍼지나? 덜 화나는 일인가? 덜 비인간적인 건가?'라고 하면 그렇지 않거든요. 또는 할머니들의 증언, 할머니들의 어떤 태도 등과 관련해 논의될 것이 많아요. 그럼에도 그런 것에 대해서는 대부분 이야기하지 않죠. 그것은 곧 어떻게 이야기하고 어떻게 토론할 것인지가 연습되어 있지 않다는 거죠.

사소하게 토론하는 습관을 기르지 않으면 우리는 끝내 자신의 불안을 이해하지 못할 거예요. 왜 불안한지 구체적으로 알지 못하다 보니 아무하고나 손을 잡고, 아무에게나 화를 내고, 자기 연민에 시달리면서 살겠죠. 그렇게 살면서도 성공할지 모르겠지만 행복하지는 않을 거예요. 어떤 것도 놓치지 못할 테니까.

행복해지려면 해내는 것과 해내지 못하는 것, 양쪽에서 모두 쾌락을 느껴야 돼요. 내가 무언가를 이뤄낼 때뿐만 아니라 그걸 이뤄내지 못했을 때에도 쾌감이 있어야 돼요. 그러기 위해서 심장이 강해야 하고, 끊임없이 훈련하는 수밖에 없어요. 그 훈련은 누구나 할 수 있는 일이에요. 그러니 제발 어른들의 답을 믿지 마세요. 그것은 답이 아니에요.

신종플루 같은 질병이 왜 발생할까요? 그 이유를 찾아내어 막아야지 백신 파는 곳을 먼저 알 필요는 없다는 거죠. 그것은 너무나 방어적인 태도예요. 결국 어떤 전염으로부터 굳건한 방어막을 갖춘 사회를 만드는 건 젊은 세대의 임무이고, 직접 찾아나서야 하는 거예요. 기성세대의 맵map 속에 그 답이 있을 리 없습니다.

기분 좋게 생존하는 법

안영노

안영노

20대에 문화평론가로 활동했으며, 언더그라운드 음악을 널리 알리고 홍대 앞 인디 음악 신을 형성하는 데 앞장섰다. 30대에 문화기획자로 축제와 공연을 만들었고, 40대에 청년들과 함께 컨설팅, 마케팅 회사를 여럿 설립해냈다. 청년기에 '안이영노'라는 네 글자로 알려져왔다.

○○○

얼마 전까지 저는 서울대공원장이라는 공직에 있었어요. 놀이공원, 동물원, 캠핑장, 가든이 섞인 도시공원을 경영하는 일을 했어요. 시민들이 문화를 만들어가는 쉽지 않은 일에 도전했습니다. 그전에도 남들이 안 하는 문화 컨설팅, 문화 마케팅 영역을 동료들과 개척해냈어요. '듣보잡(듣도 보도 못한 잡 것)'들이 모여 홍대 앞 문화를 만들어낸 경험 덕분에 이런 도전을 겁내지 않게 되었답니다.

저스트 두 잇

내가 회사를 설립한 것은 하나밖에 없는 여동생이 자살했기 때문이에요. 어느 날 여동생이 출근하기 전에 오랜만에 우리 집에 잠깐 왔다 갔어요. 왠지 모르게 그날따라 여동생을 껴안아주고 싶은 마음이 들었지만 그러지 못했어요. 다음 날 저는 태백으로 출장을 갔는데, 가족한테서 여동생이 목숨을 끊었다는 연락을 받았어요. 그날 껴안아주지 못한 게 너무나 후회되었지요.

사실 그 친구는 굉장히 잘나가는 커리어우먼이었어요. 학창 시절 전국 수석 범위에 들기도 했고, 경쟁률이 몇천 대 1인 면접에도 붙고 취직도 잘해서 겉으로는 부족한 점이 없어 보이는 사람이었어요. 그렇기 때문에 저는 '여동생이 왜 죽었을까'라는 생각이 들었어요. 일기장을 발견했는데 '엄마 아빠, 죄송해요. 세가 좋은 딸이 못 되어서'라는 내용의 글이 쓰여있었어요.

너무 어린 시절부터 정상을 밟았기 때문에 떨어지는 것에 대한 두려움이 있었던 것 같아요. 서울대 법대를 못 가서 부모님께 불효한 것 같다는 표현을 세상을 떠나면서 했는데요, '서울대 법대를 나와 판검사를 거쳐 변호사가 된 사람' 정도가 아니면, 정말 상위 몇 퍼센트가 아니면 사회적으로 아무런 의미가 없다는 차가운 현실을 보고 좌절했던 것 같아요. 자존심이 강한 사람일수록 남들한테 힘든 점을 쉽게 못 드러내지요. 다시 말해 다른 사람과의 교감이 힘든 거예요.

사람이 우울증으로 자살할 때는 육체적 자살을 하기 전에 먼저 정신적 자살을 하는데, 그것을 '포기'라고 해요. 여동생이 죽은 것은 마지막 순간에 손을 내민 사람이 없거나, 그 자존심 때문에 손을 내밀지 않았기 때문이죠. 그리고 결국 그 자존심마저 포기해버리게 된 것이죠. 그런데 행동하기 바쁘면 포기할 시간이 없어요. 그렇기 때문에 사람들을 자주 만나고 서로 의지하고 함께 대화해야 하는 겁니다.

저는 '기분 좋은 QX'라는 문화 컨설팅 회사를 세울 때, 문화에 대한 나만의 정의를 내렸어요.

'문화란 정신적 자살을 막는 기능을 하는 것이다.'

'문화 컨설턴트든 문화 마케터든 아니면 문화기획자든, 나는 사람들의 정신적 자살을 막는 일을 하는 것이다. 그리고 나처럼 문화를 디자인하는 사람이 기분 좋아야 세상이 기분 좋게 변한다'고 주장했어요. 내가 기분 좋으면 함께하는 상대방이 기분 좋고, 그것을 바라보는 사람이 기분 좋으면 입소문이 좋게 나고, 그러면 세상도 기분 좋게 바뀔 수 있는 것이 바로 좋은 문화의 모습이죠. 문화로 세상 전체가 바뀔 수 있다는 걸 고민하는 게 우리 회사의 철학이라고 생각했어요.

이 회사를 세운 뒤 나는 젊어진 느낌이 들었는데, 나이 어린 후배들과 창업했기 때문이었어요. 사랑하는 동생을 잃은 대신 많은 동생을 얻자, 후배들이 동생처럼 포기하지 않게 하자는 생각을 했던 겁니다. 정말 소중한 여동생의 생명을 대가로 얻은 아주 귀하고 값비싼 교훈인 셈이죠. 우리나라의 자살률로 따져봐요. 주변을 돌아보면 놀랍게도 아주 흔하게, 자살로 가족을 잃은 사람을 볼 겁니다. 여동생과 사별한 뒤 나도 절박하게, 사람들이 정신적 자살을 하지 않게 만들어야겠다는 경험을 했어요. 그때 깨달은 것을 바탕으로 많은 동생들과 더불어 목표대로 10년 동안 실천하며 살아왔어요. 그래서 내가 여동생의 죽음을 소중한 경험으로 얘기할 수 있는 것입니다.

여동생의 일기장을 보고 많이 놀랐어요. 가장 좋은 대학교에 입학하지 못해 효도하지 못한 것이라고 적었거든요. 정작 부모님께서는 그걸 크게 따지지 않으셨어요. 사실 어릴 때부터 엘리트였던 여동생과 저의 인생은 그게 달랐거든요. 특이질처럼 커왔고, 남들 안 가는 길도 '돌아이'처럼 달려들었어요. 그러다 보니 '저스트 두 잇Just Do It'이라는 마음가짐으로 살아왔고, 그랬기 때문에 '기분 좋은 QX'라는 회사도 즉각적으로 만들었죠. 지금 세대에서는 '삼포세대', '흙수저' 등과 같은 단어가 유행처럼 생기고 있는데 어른들은 안타까우니까 인내하라면서 그저 '아프니까 청춘이다'라고 하지요. 젊은이들이 취업 못하고 돈 못 벌어서 굶어 죽을까 봐 공포에 떠는 건 이해가 돼요. 그런데 적어도 부모님한테 죄책감을 느끼진 말았으면 해요. 한창 즐거워야 하고 창조적인 도전을 해야 하는 때에 스스로 존재 가치가 없다고 생각해서는 안 됩니다. 오히려 그 공포가, 혹은 분노가 세상을 바꾸게 하는 힘이 되어야해요. '저스트 두 잇' 정신으로 죽지 말고, 기죽지 말고, 이 세상을 바꿔야 합니다.

돈키호테 이야기는 '저스트 두 잇'을 잘 보여주는데요, 그저 돌진한다고 되는 것은 아닙니다. 사람들과 더불어 달려나가는 게 중요합니다. 돈키호테 옆에는 산초라는 배가 나온 아저씨가 있어요. 산초는 돈키호테의 시종이지만 사실상 모든 문제를 처리합니다. 이 세상에 많은 돈키호테가 존재할 수 있는 건 그 옆을 묵묵히 지키는 산초가 있기 때문이에요. 매스컴에 나오는, 번듯한 명함이 있는 사람이 되지 않아도 됩니다. 산초의 인생을 살아도 당당할 수 있다고 생각해요. 산초는 바보스럽지만 사람들과 거래를 트고, 대화하고, 인맥을 형성해서 돈키호테의 겁 없는 돌진을 돕습니다.

여러분도 그런 사람이 되어야 해요. 그리고 늘 사람 관계를 중시하고요. 무엇보다 좋은 생각을 가진 사람들과 관계를 맺으세요. 좋은 물에서 놀고, 수준 높은 판에 들어가는 것이 인생에서 중요하다고 생각해요. 그런 면에서 산초는 돈키호테보다 탁월한 인물이었어요. 주변 사람에게 좋은 사람을 소개해줄 수 있고, 또 소개받을 수 있는지가 더 중요한 것이죠.

빵과 허벅지

제가 했던 인디밴드가 허벅지밴드이고 공연을 시작한 무대는 카페 '빵'이었어요. 「출발 비디오 여행」의 2대 PD이고 지금은 오지 여행 다큐의 1인자이자 김진혁공작소라는 프로덕션의 대표인 김진혁과 몇몇이 모여 이화여대 후문 쪽에 '빵'이라는 카페를 만들었어요. 처음에는 어른들이 귀엽다고 웃었지만, 단 1년 만에 '청년 예술가라면 한 번씩 안 오면 안 되는 곳'이 되었지요. '여기 누가 왔다 갔어', '누구까지 왔다 갔어' 등등 소문을 타고 청년들이 계속 모이는 장소가 되었죠.

그 당시 나는 퇴근 후에 노트북을 들고 '빵'에 가서 밤 8시부터 기획안을 쓰거나 집에서 프린터로 출력해와, 그곳에 오는 예술가들이나 기획을 하려는 청년들과 밤늦게까지 함께 토의해 준비한 퍼포먼스와 설치미술을 하는 '북과 춤'이라는 그룹을 조직했습니다. 소성민 기자가 취재해 〈시사저널〉에 나왔어요. 공연계의 오정학 PD가 동숭아트센터에 근무했는데 우리를, 마침 초청한 프랑스의 세계적인 극단과 연결시켜 줘서 함께 공연을 했거든요.

10년 전만 해도 청년 예술가들이 유럽의 세계적인 극단과 바로 연결된다는 이야기를 하면 사람들이 놀라워했어요. 지금은 전 세계 누구와도 스마트폰으로 '페친'을 맺고 즉시 이야기할 수 있지만 그때는 SNS도, 인터넷 메일도 없었지요. 또, 그 당시 밤에 모여 그런 활동을 하던 사람들이 지금은 중요하거나 유명한 문화계 인사나 예술인으로 성장했어요. 지금은 자주 만나지 못해서 소원해진 경우도 있지만 '빵'이라는 이벤트 카페가 가교 역할을 해서 사람들이 무대에서 놀고 공연하다가 맺어진 관계이기 때문에 언제나 만나면 반가웠어요.

이런 것들이 쌓이다 보니, 출근하는 직장보다 퇴근해서 만들어내는 밤의 세계가 더 크게 느껴졌어요. 그 당시 나는 '밤에 뭐든지 할 수 있다', '나는 하루를 두 번 살 거다'라며 바쁘게 살았어요. 지금 청년 세대를 보면 가슴이 아파요. 퇴근한 뒤 투잡을 뛰고, 저녁에 알바를 해야 하고, 또 공부도 해야 하잖아요. 당시 제가 살았던 밤의 세계는 생존의 공간이 아니었어요. 그러니 지금의 젊은 세대와는 관점이 다를 수밖에 없었어요. 하지만 제가 말하고 싶은 것은 주어진 시간을 '바라보는 관점'을 다르게 하라는 거예요.

그러다 낮에 다니던 회사를 그만두고 유학 준비를 하면서 드럼을 배웠어요. 백수가 되어 낮 시간에 가본 '빵'은 밤과 너무나 달랐어요. 아무도 없는 빈 공간이었죠. '아, 이게 백수가 된 거구나.' 그건 마치 몇십 년간 감방에 있던 사람이 출소한 뒤 본, 낮 시간에 태양이 비추는 한가한 골목 모습과도 같았어요. 그 공간에서 하고 싶은 것을 쭉 써봤어요. 꽃꽂이, 드럼, 만화, 디자인 등이 나왔고 그중에 꽃꽂이와 드럼을 시작했어요. 드럼을 배우다 보니까 청년들이 몰려와 같이 밴드를 만들자고 해서 엉겁결에 시작한 게 허벅지밴드예요.

저는 386세대입니다. 하지만 나의 정신적 모태는 90년대 신세대라고 부르는 X세대지요. 만약 내 세대처럼 생활했다면 직장에 취직하고, 바로 유학 가서 지금은 배가 좀 더 나오고, 머리가 좀 더 벗겨지고, 아주 비싼 아웃도어 브랜드 옷을 입고 있을 거예요. 그런데 나보다 7년쯤 아래인 세대와 같이 어울렸던 깃이지요. 스물네 살부터 서른 살이 될 때까지 일하러 가지 않고 청년 문화에 남은 거죠.

저는 우리 사회를 바꿀 그룹이 학생운동을 하다가 지금은 수많은 변절을 하고 있는 386세대가 아니라고 생각해요. '저스트 두 잇'의 세대, 게릴라와 벤처 세대가 한국 사회를 바꾸고 있다고 생각해요. 청년들이 들어야 할 이야기는 386세대의 일반적인 군상들에 있지 않아요. 1990년대에 대학교를 다니거나 고등학교를 마친 게릴라와 벤처들에 있어요. 물론 환상을 버려야 합니다. 그 사람들도 만나면 나이 마흔셋의 꼰대예요. 혁신의 유전자를 가지고 있었지만 직업을 갖고 배가 나오면서 변절했을 겁니다.

386세대는 쏟아지는 문화의 샤워를 맞았지만 문화를 만지면서 놀지는 못했어요. 한편 90년대 신세대의 특정 집단은 클럽에서, 어두운 카페 한구석에서 무엇인가를 스스로 '만들던' 세대예요. 그러니까 인디, 언더라는 '생산물'이 나온 겁니다.

나 또한 평론을 때려치우고, 직장도 때려치우고 '창조'한답시고, 기타 메고 몰래 혼자 그림 그리고 꽃꽂이를 했어요. 때문에 몇 년간 돈벌이를 제대로 못하고 살았지만, 나중에 생각해보면 그건 별로 중요하지 않아요. 어느 길에 서든, 주류에 서든, 반주류에 서든, 주류가 되고 싶었지만 미필적 고의에 의해 비주류에 서든, 주변부에 서든, 중심부에 서든, 위에 서든, 아래에 서든 청년들이 해야 될 것은 '저스트 두 잇'이고, 스스로 창조하는 일이에요. 그리고 다른 길을 인정하기 때문에, 자신이 못 가본 길을 비난하거나 자신이 못 누려본 쪽을 보며 상실감을 느끼는 태도를 갖지 않아야 해요. '자기가 못 먹은 것을 욕하지 않아야 하는 것'입니다.

'홍대 앞'이 보여준 것들

허벅지밴드로 활동하는 동안에는 우선 경제적인 면에서 고민되었어요. 동료들에게 고기를 사주려면 연습실 대여를 포기하고 합주비를 아껴야 했어요. 또 우리는 이화여대 후문에서 연습을 해야 하는데, 연주할 수 있는 클럽은 홍대 앞에 있어 너무 멀었어요. 그래서 이화여대 후문에 있는 '빵'에 가서 "야, 우리 드럼 세트도 가져다 놓고 라이브 클럽처럼 공연도 하자"라고 동료들을 설득하기 시작했어요. 그렇게 연습을 하자 소문이 나서 인근 대학에서 대학생 밴드를 하려는 사람들이 오기 시작했어요. 당시에는 아직 '클럽 문화'가 없었는데, 록 밴드를 하려는 20대 청년과 대학생이 이렇게 많구나 하고 정말 놀랐어요.

밴드가 몰려오니까 우리는 다른 곳을 찾아갈 수밖에 없었어요. 모험하는 마음으로 홍대 앞에서 클럽을 찾아보았는데, 근처에 열 개나 있는 거예요. 지금은 라이브 클럽이 익숙한 것이 되었지만, 그때는 열 개나 있다고 신문기자들에게 흘렸더니 다들 놀라워했어요. 왜냐하면 당시에는 그런 문화에 대한 인식이 없었기 때문이죠. 열 개의 클럽을 찾아가 말했어요.

"손님이 한 명도 없는, 월요일에 우리가 공연할게요."

클럽 사장님들은 오히려 고마워하고 좋아했어요. 그렇게 클럽에 가서 서너 시간씩 합주를 해서 합주비를 아낄 수 있었지요. 합주비를 아끼면 동료들과 고기를 먹게 돼요. 그러면 밴드 멤버들 간의 관계가 돈독해지면서 자기 친구를 데려와요. 그것이 밴드이고 또 데려오면 그것이 또 밴드인 거예요. 확률적으로 미대생들이 밴드를 제일 많이 합니다. 그러다 보니 미대생, 미술 하는 사람들을 다 알게 돼요. 그러다가 우리가 클럽 사장님 열 분한테 다 물어보았어요.

"왜 다른 지역 클럽 사장님들은 안 만나세요?"

그랬더니 자기는 물장사가 아니라 문화 공간인데, 다른 지역은 물장사인 것 같다는 거예요. 다른 데 가서 물어봐도 똑같이 얘기해요. "안 만나고 싶어요?"라고 물으니까 만나고 싶어해요. 결국 서로 만나보니 자신들은 문화 공간을 만든다는 공감대가 있어요.

우리의 로망은 하나의 업계를 구성하는 것이었어요. 그래서 일개 밴드에 불과한 허벅지밴드가 신촌과 홍대 앞에 있는 열 개의 클럽을 모았어요. 그러고는 사장님들에게 '개클련'을 만들자고 얘기했어요. '개방적인 클럽 연대'의 약자인 개클련이 드디어 탄생한 거죠. 홍대 앞이, 음악 신scene이 그렇게 만들어졌어요. 클럽이 열 개인데 클럽당 밴드가 일곱 개 정도라 70개의 두더지가 암약하고 있었던 것이죠. 1996년에, 홍대 앞에.

그런데 아무도 이러한 변화를 평론이나 기사로 다루지 않았어요. 나는 아주 어린 시절부터 일본 만화와 영미 대중음악을 가까이했어요. 일본에서 만화가 만들어지면 바로 그해에 알고, 한국에서는 뭐가 카피되는지 알 정도였어요. 지금 식으로 말하면 오타쿠였어요. 그때 느낀 게 '아, 우리도 영국처럼 클럽 신이 만들어졌다고 외치면 되겠구나'였어요.

'그런데 만들어졌다고 외치려면 어떻게 해야 하지? 아, 우리 밴드처럼 클럽을 달라지게 하는 사람이 많아지게 하면 되겠다.'

그 기회를 셰어share, 나누기 시작했어요. 그러면서 '인디 음반을 기획하고 싶어요', '나도 클럽을 만들고 싶어요', '나는 갤러리를 멋있게 해보고 싶어요', '난 영화감독을 하고 싶어요' 하는 사람들이 뭉치기 시작한 거죠.

그때 나는 커피 값도 없었어요. 우리 밴드 멤버들과 고기 먹은 거 말고는. 그런데 어느 순간부터 어느 카페에 들어가든 커피가 무한리필이고, 클럽 사장들은 병맥주를 그냥 주었어요. 주말 저녁이면 5미터마다 걸어가면서 하이파이브를 했어요. 동네 친구처럼 하이파이브를 하는 사람들 다섯 명 중 넷은 음악과 관련된 사람, 한 명은 만화나 영화와 관련된 사람이고요. 굉장히 행복하고 마을 커뮤니티가 만들어진 느낌이었어요. 그것이 곧 네트워크라는 거지요.

홍대 앞 인디 신이 이렇게 만들어져요. 허벅지밴드가 클럽을 엮었지만 정작 행사를 만들어내느라 우리는 자주 무대에 오를 기회를 누리지 못했고요. "너희는 밴드를 하는 거니, 기획을 하는 거니?"라는 말을 듣기도 했고, 우리 밴드 멤버 중 음악만 하고 싶은 사람들은 불평을 말하게 되죠. 음악에 목숨 걸고 밴드를 한 사람한테는 "우리가 왜 클럽 연대를 챙겨요,

우리 음악 하기도 바쁜데"라는 말을 듣게 되죠. 지금 생각해도 제일 미안한 게 그겁니다.

'개방적인 클럽 연대'가 만들어지자, 70여 개의 밴드가 독립군처럼 모여 '아밴연(아름다운 밴드 연합)'이라는 것도 만들어냈어요. 그러면서 1996년 말부터 1997년에 언더그라운드 음악 신에서 중요한 논쟁이 벌어졌지만 기록이 거의 남아 있지 않아요. 나는 밴드인데도 '클럽을 키워야 밴드가 산다'고 생각했고, 그래서 개클런을 만들었어요. 그런데 아밴연을 만든 록 밴드 프리다칼로의 김현 씨는 우리한테 섭섭하댔어요. 록 밴드인데 왜 그렇게 하느냐고, 밴드를 키우고 제대로 된 개런티와 홍보를 해줘야 클럽이 산다고 주장했지요. 그 논쟁에 답이 없고 서로 우호적이고 생산적인 대화를 한 것인데요, 나는 몇몇 밴드가 유명해지는 것보다 우리가 다 같이 잘되어야 한다고 생각했어요. 클럽이 잘되어야 밴드도 유명해질 수 있다고요. 밴드가 살아야 클럽이 잘된다는 말도 맞지만 '클럽이 살아서 홍대 앞이 좀 더 알려져야 우리 같은 밴드가 힘을 받지 않겠냐'는 입장에 섰어요.

그다음에 삐삐를 치고 팩스를 보내 기자들에게 연락했습니다. 1996년 이화여대 앞에서, 그 당시에는 굉장히 드물었는데 모두가 힘을 합쳐 야외 콘서트를 열었어요. 앞장서서 홍보를 하고 평론도 했어요. 그때 기자들에게 보낸 보도자료 타이틀

이 '신촌·홍대 앞에 열 개나 되는 클럽이 있고 거기에 70개의 클럽 밴드가 활약하고 있다. 우리에게 라이브 클럽 신이 있다'였어요. 1996년부터 언론에 나오기 시작한 것이죠. 1997년부터는 김종휘라는 아주 탁월한 기획자가 이어받아 펼쳐나가게 됩니다. 어떻게 보면 저는 골대를 향해 드리블만 했고 슈터는 따로 있었던 셈이죠. 이것이 바로 홍대 앞이 만들어진 과정입니다.

나는 원래 제일기획이나 삼성물산에 갈 기회가 있었는데, 어찌어찌하다 보니 홍대 앞으로 갔어요. 대학원에 다닐 때 청년 문화의 멘토이자 제 스승인 연세대학교의 조한혜정 교수님이 이런 말씀을 했어요.

"너는 다른 삶을 살아라. 대기업 가고, 유학 가서 교수 되는 짓 하지 말고 다른 삶을 살아라. ……넌 규범적이야. 충분히 더 튀는 삶을 살도록 해."

처음에는 그 조언에 별달리 신경 쓰지 않고 대기업에 입사하려 했는데, 고민 끝에 마음을 바꿔먹고 NGO를 택하려 했어요. 그 결심을 선생님께 털어놓자 되레 이렇게 말씀하시는 거예요.

"왜 대기업에 안 갔니. 기성 조직에 가서 빡빡 구르면서 경험해봐야 해."

순간 무척 당황스러웠는데, 곰곰 생각해보니 현실을 개척

하려면 기성 시스템의 문제가 무엇인지 알아야 한다는 뜻이었어요. 현실을 알지 못하고는 변화에 대한 어떤 성찰도 할 수 없다는 걸 말씀하신 것이었지요.

무언가 모험을 하고 게릴라나 벤처가 되려면 듣보잡일 수밖에 없어요. 모든 경영적 혁신은 항상 듣보잡에서 나옵니다. 그런데 기성 시스템을 바꾸고 싶다면 어느 순간 기성 집단과 대화를 해야 합니다. 그것이 진정한 게릴라이고 벤처입니다. 자기 혼자 노는 게 아니어야 하는 것이죠.

마찬가지로 기성세대와도 대화를 해야 다른 길을 갈 수 있어요. 그런데 기성세대를 설득하려 들면 지는 게임이 되고 맙니다. 먼저 행동한 뒤 기성세대가 질문을 던지게 만들어야 해요. 그러면 멘토와 멘티의 관계가 뒤바뀌어요. 기성세대를 설득할 시간에 뭐라도 만들고 일을 하는 게 나아요. 상대편과 얘기하지 않든, 설득을 하든, 도전하고 싸우든, 모든 것은 선택하기 나름이에요. 누군가와의 대화는 새로운 세상을 만드는 데 도움이 되는 한에서만 관심을 갖고 차라리 작게라도 뭔가 창조하는 길을 택하세요. 그런데 만들고 창조하는 일은 혼자 하지 마세요. 자신과 뜻이 맞는 사람들과 함께 일하고 만드는 시간이 더 소중해요.

홍대 앞이 발전할 수 있었던 것은, 홍대 앞이 언론에 노출된 뒤 수많은 평론가의 비난을 받았기 때문이에요. 와보지도 않고 깠던 거죠. 그 대표적인 사건이 있어요. 〈리뷰〉라는 잡지에서 한 평론가가 '드럭이라는 곳에 가보았더니 크라잉넛과 노브레인이라는 밴드가 연주를 하는데, 영국의 펑크 음악을 한다. 영국 펑크는 노동자 계급의 것인데 그 정신을 따르지 않고 흉내를 낸다'고 했어요. 그러자 홍대 앞 밴드들은 '가방끈 길어서 외국 사회나 공부하면서 어따 대고 그걸 여기다가 갖다 대느냐', '한국 것인데, 한국 현상이 일어나는 클럽에 한번 와서 제대로 보고 얘기하는 거냐'라고 했어요. 이 밴드들은 훗날 자신들을 '조선 펑크'라고 부르게 돼요. 영국이 따라올 수 없는 우리 것을 만든 거죠.

청년 세대라면 그러한 정신을 가져야 해요. 저는 그런 세대, 즉 꼰대가 아니었던 세대와 같이 있었던 것이 너무 행복했어요.

기성 시스템이나 외국 문물을 흉내 내지 말고 자신들의 것을 만드는 게 소중한데요, 그러면서도 현실을 제대로 알아야 한다는 것입니다. 기성 시스템을 깨고 싶으면 그 시스템을 알아야 해요. 내가 있는 현장을 제대로 알리고 싶으면 노출하고, 기성 시스템과 접속하고, 언론과 평론가의 비평을 받고, 싸우고, 대화하고, 설득해야 해요. 그것이 바로 제가 홍대 앞에서 경험하며 얻은 교훈입니다.

우리가 1년간 애써 만든 것에 대해 처음에는 이런저런 간섭과 비판이 줄을 이었고, 한편으로는 도움도 받았어요. 그러는 중에 우리를 혹독하게 비판하는 사람들이 우리의 동지가 될 수 있겠다는 생각이 들었어요. 그들과의 대화의 장을 준비하면서 우리의 성공 요인이 특정 밴드의 유명세가 아니라 클럽 연대의 힘이라는 것도 알게 되었지요.

하나의 개체가 보여준 행동 여럿이 뒤따르고 함께 새 행동을 만들어내고, 그래서 세상이 뒤집히고, 뜻밖의 결과가 나옵니다. 카오스처럼. 홍대 앞도 누가 기획한 대로 만들어진 게 아닙니다. 작은 게릴라적인 시도가 계속 쌓여 '인디 신'이라는 말이 나오고, '홍대 앞'이라는 신이 생긴 것입니다.

한국대중음악상 같은 것들이 계속 발전하면서 비주류 공간이 주류 세계와 만나는 접점이 생겨났어요. 1990년대만 해도 대중음악상 같은 것은 상상도 못했어요. 그게 될 거라고 기획한 적도, 예측한 적도 없었어요. 홍대 앞을 만든 건 한 사람이 아니라는 것입니다.

스스로 게으르다고, 그동안 잘못 살았다고 생각하는 순간도 있을 것입니다. 그럼 뭘 해야 할까요? 끊임없는 만남과 실천밖에 없습니다. 작은 것 하나라도 그런 식으로 시작해야 합니다. 부끄러워도 과감히 시도하고, 여러 사람이 모이는 힘에 의해 세상이 변할 수 있다는 것을 느껴야 해요.

이어서 팬들이 만드는 매거진이나 클럽 파티처럼 공유하는 것들이 만들어졌습니다. 공유경제를 만들려고 했어요. 저가의 음반을 제작하면 서울, 부산, 대구의 클럽 신에서만 팔아도 제작비를 건질 수 있다고 생각한 거예요. 이런 소규모 경제를 처음으로 시작했어요. 유명 가수들은 큰돈 들여 레코딩 작업을 하니까 음반을 10만 장 이상 팔아야 하지만, 우리는 겨우 녹음실처럼 만들어놓은 작은 방에서 녹음하니 제작비가 적게 들어 전국의 클럽에서만 팔아도 손해 보지 않는다는 전략이었죠.

혁신은 바로 이러한 데서 시작됩니다. 요즘 '마을 경제', '공유경제', '지속 가능한 경제'라고 말하는 것이 그겁니다. 우리가 10년 앞서서 문화 산업의 대안을 만든다고 할 때 사람들이 모두 무슨 그따위 소리를 하냐고 말했지만 결국 그게 이루어졌죠.

사람들은 대부분 실패보다 성공한 사례를 드는데, 상대를 설득하기 위해서입니다. 하지만 우리의 인생에서는 성공만 보장되지 않습니다. 그것은 곧 내 인생의 딜레마입니다. '저스트 두 잇.' 일단 해보고 반성해야지 맛보지 못하면 반성도 할 수 없습니다.

앞서 얘기했듯이, 크라잉넛이나 노브레인이 무대에 서는 클럽에 딱 한 번 가본 사람이 1970년대 영국 펑크와 1990년대 조선 펑크를 비교하면 현장에 있는 사람들이 뭐라고 할까요? 철저히 현장에서 행동하고, 행동한 뒤에 대화를 통해 반성하고 개선하거나 내가 옳다고 다시 주장하게 됩니다.

만약 내가 타임머신을 타고 과거로 돌아간다면 어떤 길을 가고 싶을까 고민해봅니다. 서태지의 길을 갈 것인가, 허벅지의 길을 갈 것인가. 주류의 성공에 도전할 것인가, 반주류의 독창적인 실험을 할 것인가, 아니면 비주류를 주류로 인정받게 하는 신념으로 살 것인가. 이번엔 다른 길을 가볼 수도 있지요. '역시 메이저가 되어야 해', '금수저를 지향하자' 할 수도 있어요. 다시 청년기를 산다면 다시 내가 온 길을 살아갈 수 있을까요. 그게 옳을까요. 어찌 살게 되든 무얼 선택하든, 답은 '저스트 두 잇'입니다.

요즘 페이스북 담벼락에 유망한 소셜 벤처들을 감별해서 올리는데, 그중 한 사람은 4년 동안 휴학을 하면서 텔레마케터, 공인중개사 등으로 일했어요. 그러다가 경매로 집 한 채를 사서 결혼 밑천으로 삼았는데, 자기 또래 부부들이 쫓겨나는 모습을 보고 큰 충격을 받았다는 거예요. 그래서 사회문제를 해결하는 청년 벤처로 전향했다고 얘기해요. 물론 아직 물질적으로 성공하진 않았지만 그런 사람도 분명히 중요합니다. 우리의 현장에서 그런 청년들이 부각되어야 합니다.

결국 청년들은 자신의 일을 벌이고, 자신의 길을 만들고, 자신의 이야기를 해야 하는 것입니다. 그 방법은 '저스트 두 잇'입니다.

쫄지 않고 저지르는 정신

1990년대에는 문화 코드가 다양했어요. 그때도 '미소녀', '미시맘'이라는 표현이 쓰였어요. 아직 '훈남'이라는 표현은 나오지 않았고 2000년대에 '꽃미남'이라는 말이 나왔지요. 외모가 예쁜 게 굉장히 중요시되었어요.

그래서 '과연 외모가 중요하다는 말일까?' 하고 들여다보았어요. 그 당시 문화 쪽에는 X세대라는 90년대 신세대가 있었어요. 나이는 나보다 어리지만 동지였던, 문화 쪽으로 흘러온 사람들과 IT벤처로 시도를 하는 사람들이었어요.

이들은 자기를 굉장히 긍정적으로 보았어요. 자아도취가 아니에요. 자신을 관대하게 대하는 정신이 한국 사회에 처음 생긴 것이죠. 자기를 학대하는 이전 세대 모습과 달랐어요. 80년대 청년인 386세대는 치열하게 일하라고 자신을 몰아세웠죠. 예를 들어 학생운동이나 공부를 열심히 하지도 않으면서 열심히 한다고 얘기했어요.

그런데 90년대 신세대는 '내가 허벅지밴드라고 하든 코딱지밴드라고 하든 나는 내가 예뻐', '나의 그런 코드를 너희가 이해해줬으면 좋겠어', '어린왕자들아, 나는 여우야. 나를 길들여봐'와 같은 식의 감각이 있었어요. 이런 족속이 당시 신촌과 홍대 앞, 압구정동을 누비고 다녔는데, 이들을 나는 '예쁜 척 베이비'라고 불렀어요. 이들은 굉장히 친절하고 사람도 잘 사귀죠. 자신에게 관대하고, 자신을 예쁘게 보고, 개성을 표출했어요. 자신에게 다른 옷을 입힐 줄 알았고, 다른 세상에서 다른 길을 간다 해도 덜 쫄았어요. 상대적으로 당시는 IMF 전이라 풍요로웠어요. 남들 안 하는 행동을 한다고, 세상 사람들과 똑같이 돈 버는 길을 가지 않는다고 쫄 이유가 없었어요. '쫄더라도 좀 나중에 쫄자!'라고 생각했어요.

1990년대 이런 청년들의 정신을 나는 '배그밴vagvan'이라고 불렀어요. 배그vag는 '배가본드vagabond'예요. 방랑자, 유랑객, 또는 겉도는 사람이라는 뜻입니다. 내가 그랬어요. 홍대 앞에서 '록 밴드 하자!' 하다가 나와서 어느 순간 보면 게릴라처럼 페스티벌을 만들고 있고, '와' 하고 사람들이 페스티벌에서 들어오면 어느 순간 나가 있다가 문화기획학교 만들어서 딴짓하고 있었어요. 그건 내가 이상하기 때문이 아니라 그런 식으로 다양한 일을 하면서 자신을 성장시키려는 보편적인 정신이 있다는 것이죠.

밴van은 '뱅가드vanguard'예요. 아방가르드라고 생각하면 되는데, 청년기에 새로운 사상이나 실험을 하는 전위부대를 말합니다. 더 정확히 말하자면 전위부대가 아니라 전위자, 즉 전위 지식인, 전위 운동가 등에 해당하는데 정치나 사회나 권력의 문제가 아니라 돈이나 생활환경의 변화, 경제, 산업, 예술

창조 등에서 치고 나가는 것입니다.

그때는 '이게 뭐 어때서? 한번 망해보지 뭐. 끝을 보자!' 하는 정신이 있었어요. 두 그룹이 있었는데 그중 하나가 비교적 친문화 계열인 홍대 앞의 게릴라들이었고, 또 하나는 강남의 테헤란로를 넘어 여의도의 돈을 가지고 투자를 받은 기술 기반의 IT벤처 그룹이었죠.

얼마 전에 진화론적으로 갈라진 존재처럼 이 둘 사이에는 아주 끈끈한 타이tie가 있지 않았나 싶습니다. 서로 다르긴 하지만 유사한 정신도 있었는데, 그게 바로 '저스트 두 잇'입니다. 1990년대 게릴라들과, 정부가 벤처를 육성하던 2000년대 전후의 청년들이 가지고 있었던 태도는 단순히 '기성의 질서로 가지 않는다'는 게 아니었어요. 무엇이든 저지르고 그 경험을 자산으로 삼는다는 식의 감각을 가지고 있었다는 것입니다.

꼰대들에게도 분명히 배울 점이 있습니다. 지금 젊은 세대가 적용할 정신을 90년대 신세대 선배들에게서 찾아보세요. 홍대 앞이나 강남의 테헤란로에 있었던 사람들은 앞장서면서도 다양한 것을 오래도록 접하고 배회했어요. 앞으로 치고 나가는 힘이 강한 한편으로 자기 삶을 하나에다 집착하지 않고 여러 가지로 여유를 두고서 유랑하듯 보는 정신을 가진 그룹이에요.

그런 생각과 행동이 어떻게 가능했을까요? 한국 사회가 풍요로웠기 때문입니다. 그런데 지금은 어떻습니까? 1997년 IMF 외환 위기와 2008년의 전 세계적인 금융 위기를 거치면서 어떻게 변했습니까? 이제 절대로 개천에서 용 안 납니다. 스카이 대학 나와도 안 됩니다. 그럼 여기서 우리가 얻은 게 무엇입니까? '아프니까 청춘'이 아니라 아픔을 느끼면서 그냥 행동하는 것입니다. 그것밖엔 답이 없어요.

1996년에 홍대 앞이 만들어진 뒤, 여러 번 대학 총학생회, 청년 모임, 청소년들 앞에서 강의를 하게 되었어요. 청소년들이 "어떻게 살아야 되나요?"라고 묻기에 "우리처럼 살아도 됩니다. 저처럼 살아도 안 죽습니다"라고 대답해주었어요. 하지만 시대가 힘들어진 지금, 과연 나처럼 살아가는 게 쉬울까 싶어졌어요. 2000년대 이후 느낀 게 있어요. '우리는 이런 걸 했는데, 너희는 왜 그렇게 안 하니?'라고 하는 것 못지않게 '나처럼, 우리처럼 살라'고 하는 게 위험하다는 겁니다. 우리가 누군가를 따라하는 건 중요하지 않아요. 다만 과거의 정신들 중에 오늘날에도 여전히 유효한 게 있으니 대화하고, 알아서 배우라는 겁니다.

앞서 얘기한 1990년대의 정신은 결국 자신을 관대하게 바라보면서 삶의 기회를 찾아나가는 것입니다. 어떻게? 계속 행동하면서. '된다, 안 된다'부터 계산하면서 이 일이 안 되는 스무 가지 이유를 찾게 되면 결국 움직이지 못하게 됩니다.

1990년대부터 지금까지 청년들의 시대정신은 크게 변하지 않았어요. 경제와 삶이 힘들어진 현재의 청년 세대에도 벤처나 게릴라가 있다는 겁니다. 우리의 조상이 살던 시대, 우리의 선배 시대와는 아주 다르지만, 그 정신은 '배그밴'입니다. 충분히 놀고 잡학을 즐기고 다른 식으로 생각하고 유희하는 것입니다. 안 되는 이유 스무 가지를 찾지 않고 그 시간에 치고 나가는 것입니다. 빨리 끓는 물에 데고 빨리 넘어지면서 여기저기 상처가 많이 생겨도 먼저 일어섭니다. 그것밖에 없습니다.

'탓'은 버리고 내 인생의 주역으로

내가 문화평론가가 아니라 문화기획자가 되기로 한 것은 여러 사람이 함께하도록 '판을 짜기 위해서'입니다.

그런데 문화기획자는 문화연출가와 다릅니다. 연출가는 자신의 디렉션으로 독재를 하는 사람, 즉 딕테이터dictator죠. 받아쓰게 하는 사람입니다. 한편 기획자는 매니지먼트를 하는 사람입니다. '되게 만드는 사람'입니다. 이런 표현 들어본 적 있죠?

'다 되자고 하는 일이잖아.'

많은 사람들이 다 같이 되도록 하는 것이야말로 뛰어난 기획자의 역할입니다.

언더그라운드underground와 인디펜던트independent는 서로 다릅니다. 언더그라운드는 특정한 방향이나 욕망을 갖고 이를 관철하려는 운동성을 가진 존재입니다. 사람들은 흔히 저항할 무엇이 있거나 위로 올라가 획득하고 성취할 무엇이 있을 때 언더그라운드라고 말합니다. 이런 것들은 대개 레지스탕스처럼 지하 세계에 있어요.

한편 인디펜던트는 생산방식입니다. 산업 분야의 생산이든 예술의 생산이든 간에 자본주의적인 생산의 일부입니다. 반자본주의적이라고 생각할지도 모르지만 인디펜던트라는 것은 어떻게 투자비용을 덜 들이고 기술에 맞춰 적정한 품질을 유지하면서 많은 이득을 얻도록 하느냐가 관건입니다. 그렇게 하면 외부에서 돈을 빌리지 않아도 되므로 독립적인 경제로 생존할 가능성이 높아집니다. 따라서 인디펜던트 정신은 '스스로 하겠다고 하는 것'입니다.

영국의 전설적 영웅 아서왕의 원탁은 여동생이 죽을 때 느낀 교훈에 따라 마음에 새기게 된 것입니다. 여동생이 자살한 뒤 내가 개인적으로 형성해온 네트워크를 멈추다 보니 여기저기 일이 돌아가지 않았어요. 그때 '아, 내가 혼자 프리랜서라고 생각했는데 그게 아니었구나'라고 생각했어요. 내가 수

많은 사람들과 작전 미팅을 하고 팀을 짜기도 했는데, 여동생 일로 혼자 상심하고 있으니까 그게 돌아가지 않는다는 것을 깨달았어요. 한편으로 내가 잘나서 프리랜서로 잘 살아가는 줄 알았는데 남들이 나를 도와서 많은 기회를 주고 있었던 것을 알았어요. 수많은 끈에 의해 내가 거의 조종당하다시피 해왔던 거예요. 기회가 보일 때마다 그 수많은 끈이 '으쌰' 하고 나를 좋은 자리로 계속 옮겨준 것이었어요.

그때부터 날 바꾸기 시작했어요. 아서왕의 전설에서 아서왕은 금수저 자식인데, 검을 가장 못 다루는 기사예요. 신이 준 검으로 괴물을 두 번 무찌르고, 그 외 다른 문제가 생기면 동료 기사들이 다 해결해줍니다. 동양의 『삼국지』에 등장하는 유비와 비슷해요. 유비의 장점은 관우, 장비와 함께 마음의 원탁을 잘 짠 것이죠. 관우가 죽을 때 나가서 쫄딱 망하고 대패하고 맙니다. 뒤이어 장비까지 죽으니까 완전히 말아먹게 되죠. 결국 유비는 패배자로 죽습니다. 하지만 조자룡과 제갈량이 제2의 벤처 신화를 이뤄낸 것이죠. 아서왕의 이야기와 똑같아요.

아서왕에게는 28명의 기사가 있고, 그들은 모두 엘리트죠. 그런데 아서왕은 원탁 때문에 잘된 것입니다. 그 자리에 앉으면 가장 수평적인 관계가 만들어지니까요. 아서왕은 원탁 앞에 앉아 '의견을 말해보시오. 좋은 방법을 찾아봅시다' 하고 얘기하는 스타일입니다. 자신의 능력이 부족함을 알고, 기사들이 떠나면 적이 될 것임을 간파한 것이죠. 그들은 모두 영주의 자식입니다. 그러니까 권력이 약한 왕이 될 수밖에 없었어요. 그 아서왕에게 이복형이 있었어요. 예전에는 동생을 구박했는데 아서왕이 신의 자식임을 알고 난 뒤에 집사장이 되어 아서왕을 계속 보살핍니다. 그 사람이 공동체를 만드는, 요리를 잘하는 기사로 나옵니다.

그를 보고 '남들을 잘 서포트해주는 매니저가 되고 싶다'라고 생각했어요. '스타를 만드는 영광을 누리기 위해 일단 스타감이 있는 좋은 물에서 살아야겠다'라고 다짐했어요. 그래서 리더가 되지 않고 좋은 서포터가 되는 것이 남은 인생 동안의 바람입니다.

내가 뭘 하는 존재인지는 이렇게 쓸 수 있어요.

현재 미술품 딜러 수업을 받고 갤러리를 운영하고 있어요. 경영 코치 훈련을 받았고 코치들끼리 비즈니스를 만들고 있어요. 다국적 광고회사의 부사장으로도 일하고 있습니다. 소셜 벤처들을 기릅니다. 안이영노라는 닉네임으로 20년간 다양한 창조 활동을 해왔어요.

하지만 이렇게 나열된 것들은 내 일이지 내 비전이 아닙니다. 내 비전은 사람들을 잇고 만나게 하는 '커넥터'이고 '서포터'죠. 서포터가 되는 것은 굉장히 험난한 과정입니다. 늘 오해를 사기 일쑤이고 조금만 관리하지 않으면 고객이 떠나버립니다. 그럼에도 나는 좋은 커넥션을 하다 보면 결국에는 인정받는 서포터가 될 수 있을 거라고 확신합니다.

분명한 것은, 세상을 바꿀 주역은 젊은 세대이지 기성세대가 아니라는 겁니다. 자신에게 투자하고 스스로 행동해야지 기성세대나 세상을 탓하고만 있어서는 안 됩니다. 비록 지금은 작아도, 유명하지 않더라도 자신 있게 발걸음을 떼면 결국에는 멋진 모습으로 살아남을 수 있습니다.

제6강

좋아하는 일을 한다는 것

윤도현

윤도현

국민밴드 YB의 보컬. 1995년 솔로로 데뷔하고 1996년부터 윤도현밴드로 밴드 활동을 시작했다. 이후 현재까지 정상을 지키며 음악에 대한 열정을 이어가고 있다. 최근에는 록의 본 고장인 미국 활동에도 나서는 등 새로운 도전을 멈추지 않고 있다.

○○○

그동안 노래하는 무대에는 많이 서봤지만, 누군가에게 인생 선배로서 도움이 될 만한 이야기를 해준 적은 많지 않습니다. 그래서 무엇을 어떻게 해야 할지, 무슨 말부터 꺼내야 할지 무척 고민되었습니다. 사람들이 저에게 듣고 싶어 하는 이야기가 무엇일까 하는 생각을 하면서 음악 활동부터 제가 소중히 여기는 삶의 가치, 그리고 우리 시대의 청춘들에게 들려주고 싶은 말 등에 대해 부족하나마 솔직하게 이야기해보겠습니다.

음악으로 세상을 말하고 싶다

지금까지 저는 'YB' 또는 '윤도현'(솔로)이라는 이름으로 100곡 넘게 발표했어요. 그중 최고의 곡이 무엇이냐고 묻기도 하는데, 사실 너무 어려운 질문이에요. 최고의 곡은 상황에 따라 달라지는 것 같아요. 방송 3사가 파업했을 때는 노조원들이 합창한 「흰수염고래」였고, 젊은이들이 많이 모인 자리에서는 「나는 나비」나 희망적인 노래가 최고의 곡인 것 같아요.

그동안 제가 발표한 곡들 중에 대중에게 널리 알려지진 않았지만 소개하고 싶은 곡이 있긴 해요. 개인적이든 그렇지 않든 간에 사연이 있는 노래들이 있는데, 지금 생각나는 건 YB의 1집이자 제가 낸 두 번째 앨범이에요. 크게 히트한 곡은 없지만 개인적으로 밴드 활동의 시작을 알리는 앨범으로, 박노해 시인의 시에 곡을 붙인 「이 땅에 살기 위하여」가 수록되어 있어요. 이 곡을 꼭 추천해드리고 싶어요.

물론 당시에 이 곡이 음악적으로 센세이셔널하기도 했지만, 록 음악을 하는 사람으로서 하고 싶은 말을 담았기 때문이에요. 이 세상에서 사랑도 중요하지만 때로는 분노해야 하고 고통 속에 빠지기도 하잖아요. 「이 땅에 살기 위하여」는 그 당시 현실에서 가장 솔직하게 하고 싶은 이야기를 한 노래인 것 같아요. 금지곡으로 몇 년간 묶여 있어서 방송에서 들을 수 없었지만 우리 사회의 민주화라는 측면에서도 작게나마 일조한 곡이라고 생각합니다.

저는 요즘 제가 어떤 이미지인지 잘 모르겠어요. 사람들은 그냥 록커에 방송도 하고 음악도 하는 사람으로 알고 있을 것 같은데, 저는 음악을 시작할 때부터 '음악을 하는 사람이 세상

돌아가는 걸 모른다는 건 말이 안 된다'라는 생각을 하고 있었어요. 우리 사회를 제대로 보고 싶었고, 공부도 하고 싶었어요. 그렇지만 학창 시절에 너무 놀아서 대학을 못 갔습니다.

그 시절에 김창남 교수님을 알게 되었고, 아버지께서도 성공회대학교를 추천해주셨어요. 어느 대학이냐보다 누구에게 가르침을 받느냐가 더 중요하다고 생각하는데, 성공회대학교 교수님들에게 배운 것들을 음악에 녹여낼 수 있을 것 같다는 생각도 들었어요. 그리고 제가 평생교사자격증에 도전해보고 싶었어요. 교육 혜택을 못 받는 사람들에게 참된 가르침을 주는 모습이 참 멋있어 보였거든요. 그런 생각으로 성공회대학교에 진학하게 되었습니다. 결국 아직 졸업도 못했지만요.

그때는 몰랐지만 지금은 행복한 여정

저는 1995년에 데뷔해 「타잔」으로 활동하기 시작했는데, 5년 정도 무명 시절을 보냈습니다. 열심히 활동했지만 이렇다 할 성과도, 히트곡도 없는 시절이었습니다. 그럼에도 내가 하고 싶은 것을 하고 있었기 때문에 힘들진 않았어요. 누가 시킨 것도 아니고 내가 택한 길이니까요.

그런데 한동안 멤버들 간에 문제가 있었습니다. 재밌어서, 즐거워서, 행복해서 음악을 하는데 어느 순간부터 무대에 서기가 두려워지고 열정이 사라졌어요. 꼭 음악이 아니면 죽음을 달라는 게 아니었기 때문에 음악을 하지 않고도 살 수 있을 거라고 생각했어요. 그래서 밴드를 해체하고 시골로 내려가 개를 키웠죠.

제일 힘든 건 내가 좋아하고 행복해하는 음악을 고통스럽게 하는 것이지, 대중적 인기 같은 게 아니었어요. 자신이 가고사 하는 여정 중에는 산도 있고 바다도 있고 누군가는 화살도 쏠 거예요. 그런 것들을 힘들다고 표현하지 않아야 해요.

하나 덧붙이자면, 지금 우리는 불필요할 만큼 엄청나게 많은 정보에 노출되어 있어요. 그래서인지 과감하게 가야 할 길인데도 지레 겁을 먹고 너무 걱정하는 경우가 많은 것 같아요. 저는 스스로 택한 길을 용감하게 걸어갔으면 좋겠어요. 내가 그 나이에 알았으면 좋았을 것들보다 그때 몰랐기 때문에 좋았던 것들, 몰라서 좋았던 것들에 관해 이야기를 해보고 싶었어요.

예를 들어 요즘 청춘들은 록 음악이나 밴드 음악을 택할 때 대중에게 얼마나 어필할 수 있고 인기를 얻을지 비전을 보고 결정하는데, 저는 그런 게 없었어요. 그냥 좋아서 했으니까요. 록 음악이 대중적이지도 않고, 사람들에게 얼마나 사랑받을지 지식도 개념도 없는 시절이었기 때문에 내가 좋아하는 밴드를 했던 것 같아요. 결국 그것이 지금의 저를 만들었고 21년 간 밴드를 할 수 있는 출발점이 되었던 거지요. 만일 그때 이 것저것 너무 많은 것을 알았다면 그렇게 시작하지 못했을 수 도 있어요. 빠르게 변화하는 이 사회에서 정보를 습득하는 것 도 중요하지만, 그 때문에 하고자 하는 것에 너무 큰 두려움을 갖지 말아야 해요.

저는 행복했던 순간이 정말 많았어요. 대학로 소극장에서 데뷔하자마자 첫 공연을 했는데, 관객은 적었지만 진짜 이게 꿈인가 현실인가 하는 생각이 들었어요. 그때 '나는 가수로 데 뷔했고 가수는 무대에서 노래하는 것밖에 없다'는 생각으로 무턱대고 공연을 감행했는데 가족과 친척을 모두 합해도 관 객이 50명도 되지 않았어요. 그런데도 '내가 만든 음악, 내가 만든 앨범에 있는 곡으로 드디어 공연을 하는구나'라고 생각 하면서 정말 행복했어요. 얼마나 떨렸는지 엄청난 실수도 했 어요.

일렉기타를 치는데, 한 시간 넘게 전기가 공급되지 않은 상 태에서 솔로 연주도 하고 이런저런 공연을 한 거예요. 내 귀에 선 분명히 소리가 들렸는데, 사실은 환청이었던 거죠. 맨 앞에 있는 관객이 앰프를 켜라고 어필했는데도 몰랐어요. 그 정도 로 떨리고 긴장했지만 그만큼 더 행복했어요. 그 기억이 제일 강렬해요. 고故 신영복 교수님이 쓴 유명한 문구 '처음처럼',

처음으로 날개를 편 어린 새처럼 하늘로 난 거예요. 그 설렘과 행복은 정말 잊을 수가 없습니다.

한편으로 힘든 순간도 있었지요. 행복하게 음악을 하고 있지 않다는 걸 느꼈을 때예요. 윤도현밴드YB가 5년 정도 수입이 없어서 적자인 시절이었어요. 저는 돈에 대해 포기하고 살았기에 상관없었지만 멤버들 간의 불화나 이런저런 상황으로 인해 무대에서 재미있게 공연하지 못했어요. 멤버들 중 한 명이 무대 위에서 다른 멤버들의 얼굴을 한 번도 쳐다보지 않고 관객을 외면하는 모습을 보면서 '우리가 왜 음악을 할까?' 하는 회의감이 들었어요. 공연이 끝나고 분위기를 바꿔보려고 밥을 먹으러 가는데, 서로 마주하기 싫다며 다른 식당으로 향한 경우도 있었어요. 그런 때가 제일 힘들었지, 관객이 많고 적고는 상관없었어요. 내가 하고 싶은 걸 행복하게 못할 때가 정말 힘들었던 것 같습니다.

윤도현의 뮤지컬

혹시 「헤드윅」에 대해 알고 계세요? 이 작품은 굉장히 독특한 장르입니다. 우리가 보통 생각하는 뮤지컬은 극이 있고 배우들이 있습니다. 그 극에 따라 배우들이 합을 맞춰 대사와 노래로 전달하는데 「헤드윅」은 콘서트인지 뮤지컬인지 모호해요. 또 혼자 얘기하고 떠드는 모놀로그Monologue 작품이에요.

'헤드윅'이라는 인물은 성적 정체성에 혼란을 겪고 트랜스젠더가 되기 위해 수술을 하지만 실패합니다. 그래서 어릴 때부터 온갖 무시와 핍박을 받고 커서도 고난을 겪습니다. 국제적 무시를 당하는, 이 사회에서 절대 적응할 수 없는데다 사랑에 상처받은 사람. 하지만 결국 음악으로 스스로 치유하지요.

쉽진 않지만 이건 모든 남자 배우가 제일 해보고 싶은 작품이에요. 연기하는 배우마다 다른 작품이라고 해도 과언이 아닐 정도로 서로 다른 매력이 녹아서 나옵니다. 전 세계적으로 게이가 아닌 사람이 연기해서 성공한 우리나라가 정말 독특한 경우예요. 다른 나라에서는 대부분 게이가 연기하거든요. 그래서 원래 주인공이었던 존 카메론 미첼이 우리나라에 와서 공연을 보고 '배우가 게이가 아니냐? 어떻게 연기를 저렇게 할 수 있느냐'며 믿기지 않아 했대요.

극 중에 노출이 있기 때문에 다이어트를 계속하고 있습니다. '죽기 전에 복근을 볼 수 있겠구나' 하면서 열심히 운동 중인데, 노출도 있고 욕설도 있는데다 굉장히 파격적이고 매력적이기 때문에 뮤지컬 배우로서 도전해볼 만한 가치가 있는 작품입니다. 저 이외에도 여러 유명 배우가 주연을 맡아 공연하고 있는데 캐릭터가 완전히 달라요. 그중 평단에서 음악을 가장 잘 표현하고 있다고 평가받고 게 제「헤드윅」입니다.

아마도 신선한 충격을 받을 거예요. 지인들이 제「헤드윅」을 보러 오면 카카오톡으로 조금 이따 무대에서 미친년 하나 만날 수 있을 거라고 얘기할 만큼 굉장히 변화무쌍한 캐릭터를 연기해요.

1995년「타잔」앨범으로 데뷔한 저는 너무 특이한 경우였어요. 사실 제가 몸담고 있는 곳은 1인 기획사에 가까웠기 때문에 홍보력이나 지명도가 약하다 보니 스케줄이 없었어요. 그런데 데뷔하고 한 달쯤 지나서 지금은 굉장히 유명해진 극단에서 뮤지컬 섭외가 온 거예요. 연기를 잘하는 유명 배우들이 모여 있고, 천재 작곡가이자 우리나라 음악사에 한 획을 그은 김민기 선생님이 대표를 맡고 있는 대학로의 극단 '학전'이었어요. 이전에 제가 권진원 선배님의 공연에 게스트로 나간 적이 있는데, 그 공연을 보고 저를 섭외한 거예요.

당시만 해도 저는 뮤지컬이 뭔지도 몰랐어요. 정말 촌놈이었거든요. 미군 부대 옆에 살면서 흘러나오는 메탈이나 록 음악을 듣고 그거만 하려고 했거든요. 뮤지컬 섭외가 오고 나서야 뮤지컬이 뭔가 알아보기 시작했어요. 주변 사람들이 이렇게 말했어요.

"야, 무조건 해. 너한테 이런 기회가 오다니."

그렇게 해서 무작정 맡은 작품이 학전의 「개똥이」였어요. 환경문제와 환경 파괴에 대한 내용을 동화적인 벌레들의 이야기로 각색한 작품이에요. 제가 주인공인 '개똥벌레'였어요. 그때 같이 출연한 배우가 황정민, 장현성 등이었고 학전 출신인 조승우, 설경구, 김윤석, 라미란, 그리고 (제 아내가 된) 이미옥 등을 만나게 되었지요.

하지만 아무것도 모르는 상태에서 뮤지컬 공연을 하다 보니 아쉬움이 많이 남았어요. '만약 또 한 번 기회가 주어지면 더 잘할 수 있을 텐데'라고 생각하고 있을 즈음 「지저스 크라이스트 슈퍼스타」에 출연 제의를 받았어요. 그 작품에서는 유다 역을 맡았지요. 그렇게 저는 뮤지컬에 발을 들여놓게 되었어요.

뮤지컬 「개똥이」를 준비하고 있는데 운 좋게도 영화 출연 제의도 들어왔어요. 록 음악을 표방한 「정글 스토리」라는 영화였지요. 제가 데뷔하자마자 무슨 스토리가 있지도 않은데 저의 음악 일대기를 골격으로 시나리오를 만들어 개봉한 영화예요. 무척이나 파격적인 선택 같았는데, 그 대가는 혹독했습니다. 그렇게 연기를 하게 되었어요.

사실 뮤지컬은 제가 할 수 있는 장르라고 생각하는데 영화나 드라마, 정통 연극 등에는 욕심이 없을 뿐더러 제가 할 수 있는 분야가 아닌 것 같아요. 그래서 뮤지컬 출연만 병행하고 있습니다. 이번에 「헤드윅」을 공연하면서 연기가 정말 쉽지 않다는 걸 다시 한 번 느꼈고, 반드시 공부가 필요한 장르라는 생각이 들었어요. 앞으로는 음악이 굉장히 강조되는 뮤지컬이라면 몰라도 연기가 더 중요한 작품에는 출연하지 않을 것 같아요.

손가락질 받아도 나만 좋다면

이번에는 음악 쪽 이야기를 해볼게요. 보통 곡을 쓰는 방법은 여러 가지인데 저는 멜로디나 가사, 편곡 기법보다 더 중요한 것이 '솔직함'인 것 같아요. 기쁨, 행복, 슬픔, 분노 등을 느꼈을 때 놓치지 않고 그 순간의 감정을 그대로 곡에 담아내야 해요. 곡을 쓰면서 이미지도 그려보고 시나리오 작가처럼 스토리를 만드는 건 그다음 과정이에요.

지금 우리나라에서 록 음악 신scene, 밴드 음악 신, 인디 음악 신 시장은 진부해 보여요. 시장이 작고 수용층이 두텁지 않은데도 밴드는 계속 생겨나요. 물론 새롭고 개성 있는 밴드도 많아요. 음악을 잘하고 좋은 평가를 받지만 현실적으로는 생활하기가 힘든 밴드가 점점 늘어나는 거죠.

그런 상황에 놓인 이들에게 '좀 더 힘을 내봐', '용기를 내'라고 해봤자 위로조차 되지 않을 거예요. 너무나 당연한 말이니까요. 저는 음악에 첫발을 내디딜 때 대한민국에 한정되지 말라고 얘기해주고 싶어요. 허세로 보일지언정 전 세계를 대상으로 음악을 하겠다는 마음을 가지라고요. 목표가 크면 그곳으로 향하는 길이 아무리 멀어도 힘들지 않거든요.

지금 YB가 21년차인데, 여전히 해외에서 활동하고 있어요. 미국과 한국을 오가고 있지요. 음악을 하는 선배가 가끔 이렇게 말해요.

"넌 아직도 그리고 사니? 이제 좀 그만하지."

물론 후배가 걱정되어 내던진 말이겠지요.

그런데 우리가 미국 시장에 계속 도전하는 이유가 있습니다. 미국에는 너무나 많은 인디밴드가 있고, 자기가 좋아하는 노래와 그런 밴드를 좋아하는 팬들이 행복하게 음악만 할 수 있는 곳이기 때문이에요. 어쩌면 무모한 도전으로 끝날지도 모르지만 지금 하고 싶은 것, 꿈을 가진 이것에 어떻게든 도달하기 위해 포기하고 싶지는 않아요.

'누가 봐도 저 정도면 편하게 사는 것 같은데 군이 왜 해외로 나가 고생하느냐'는 말을 듣는 경우가 많습니다. 물론 교포들 앞에서는 한국에서처럼 멋있게 공연하죠. 하지만 미국 사람들 앞에서 공연하면 우린 인디밴드입니다. 클럽에서 스태프도 없이 우리끼리 악기 꽂고, 공연하고, 다 치우고, 6~7시간 씩 직접 운전해서 다른 도시로 이동하고……. 물론 체력적으로 무척 힘이 듭니다. 제가 열심히 운동하는 것도, 다른 것들을 절제하는 것도 무대에서 하고 싶은 에너지를 쏟고 록 밴드를 하기 위해서예요.

허무맹랑하다고 손가락질을 받더라도 목표는 무조건 크게 잡아야 해요. 내가 파주에서 음악을 한다고 했을 때 부모님은 물론이고 일가친척, 동네 사람들 모두 다 반대했어요. '철없다', '허무맹랑하다', '지가 돈이 있어 빽이 있어, 무슨 음악을 하겠다는 거야' 하는 식으로 온갖 핍박을 받았는데, 만약 그때 포기했으면 지금의 제가 없었잖아요. 사실 그런 이야기에도 힘들지 않았어요. 잘 안 들렸어요. 내가 하고 싶은 것이니까요. 내가 가고 싶은 곳은 저긴데 여기서 아무리 나한테 뭐라고 해도 잘 안 들리는 거예요. 그런 과감한 용기가 필요합니다.

고등학교에 다닐 때 저는 '단두대'라는 밴드로 활동했는데 보컬이 아니었어요. 처음에는 드럼을 쳤고 다음엔 베이스, 그 다음엔 키보드를 맡았어요. 그러다가 보컬이 너무 형편없어서 '네가 노래해라' 해서 결국 제일 마지막에는 보컬을 했어요. 그때도 제가 노래를 잘한다는 생각은 못했어요. 마땅한 사람이 없으니까 나라도 해야겠다며 노래를 한 거예요.

당시 유행한 노래 중에 「아파트」가 있었어요. 그 노래를 부른 윤수일 선배님이 세련된 외모와 달리 구수한 바이브레이션을 구사했는데, 우리끼리 모여 그 흉내를 냈어요. 그런데 다른 애들과 달리 저는 그 바이브레이션이 되더라고요. 그때 내가 노래에 소질이 있다는 걸 느꼈는데, 그 때문에 조금 우쭐해하기도 했던 것 같아요.

그 이후 본격적으로 음악을 하려고 마음먹었어요. 그런데 성적이 나빠 대학에 못 가고 재수, 삼수를 했어요. 그러면서 부모님께 손 벌리기는 싫어서 아르바이트 자리를 알아보았어요. 음악도 하고 싶으니까 라이브카페 오디션을 봤는데 다 떨어진 거예요. 서울도 아니고 파주에 있는, 테이블이 네 개밖에 없는 지하 라이브카페 오디션에서도 떨어지자 '내가 정말 노래를 못하는구나' 하고 잠시 좌절하기도 했어요.

바로 그러한 순간에 꼭 새로운 기회가 찾아오더라고요. '음악은 아닌가?' 하고 노래 안 하고 곡을 쓰거나 기타를 쳐야겠다고 생각하면서 운전면허를 따고 다른 아르바이트를 하고 있었죠. 그런데 이전에 오디션을 본 데서 연락이 온 거예요. 냉큼 달려갔죠.

그곳에서 「이등병의 편지」를 작곡한 김현성 형을 만났어요. 제 노래 「가을 우체국 앞에서」도 작사·작곡한 분이죠. 그 레스토랑에 놀러 온 그분이 저를 보더니 같이 음악을 하자는 거예요. 그 뒤 아마추어 포크팀인 '종이연'으로 활동했는데, 그게 시작이었어요. 그 덕분에 김광석 형도 만나고 가수들의 게스트로도 나가게 된 겁니다. 가만히 돌이켜보면 참 재밌는 인생이죠.

뜻밖의 월드컵 가수

음반을 내거나 콘텐츠를 만들려면 계획부터 세워야 합니다. 그런데 2002년 한일 월드컵 때 부른 「오 필승 코리아」는 계획된 노래가 아니었어요. 공식 월드컵 곡도, 붉은악마의 곡도 아니었습니다. SK텔레콤의 광고 배경음악인 CM송이었죠.

언젠가 저에게 CM송을 불러달라는 제안이 왔습니다. 그래서 알바 삼아 갔다가 노래를 미리 들려달라고 했는데, 10분 안에 끝낼 수 있을 정도로 쉬운 노래라고 했어요. 정말로 15분 만에 작업을 마친 뒤 '감사합니다' 하고 집에 갔어요. 그 노래가 다른 월드컵 공식 음원을 제치고 대박이 난 거죠. 전혀 계획하지 않았던 일이었어요.

심지어 저는 월드컵이 열린 2002년 6월 15일에 결혼하고 무인도로 신혼여행을 갔어요. 그곳에는 전화나 텔레비전, 라디오가 없으니까 한국 소식을 전혀 듣지 못했어요. 그러고는 인천공항으로 돌아왔는데, 출국 때의 분위기와 백팔십도 바뀌어 있었어요. '이 정도였나, 내가?' 할 정도인 거예요. 그때까지 우리 축구팀이 계속 선전했고 저는 느닷없이 월드컵 가수가 되어버린 겁니다. 계획했던 일이 아닌데 좋은 기회가 생겼던 거죠.

제가 음악을 하면서 제일 좋아했던 국내 밴드는 '들국화'예요. 그 음악도 뛰어나지만 그분들의 활동 방식을 따르고 싶었어요. 지속적으로 라이브를 하고, 방송보다 공연으로 어필하고, 가사와 멜로디가 완벽한 조화를 이루고…… 또 비주얼부터 너무 좋아했던 밴드가 들국화였어요.

해외 밴드로는 '더 도어스The Doors'를, 특히 「피플 아 스트레인지People Are Strange」가 수록된 앨범을 제일 좋아합니다. 또한 '레드 제플린Led Zeppelin'도 좋아하는 밴드 중 하나입니다.

요즘 제가 록스타라는 모임에 참석하는데 그 모임에서 서로 영감을 주고받는 국카스텐, 솔루션스, 갤럭시 익스프레스 등도 너무 좋아하는 팀들입니다.

내 몸속의 음악이 완벽할 때

기성세대는 젊은 세대에게 열정을 찾아야 한다고 애써 강조하는데, 그 방법에 대해서는 말해주지 않습니다. 그렇다면 열정을 만드는 방법이 과연 있을까요?

사실 열정을 갖는다는 건 어려운 일이 아닙니다. 내가 해보고 싶은 것을 갈망하고 실행하는 거예요. 예를 들어 기타리스트가 되고 싶고 기타를 너무 치고 싶어요. 그래서 기타를 연습하다 보면 어느 순간 '무아지경', 딱 하나의 생각만 하게 되는 순간이 분명히 있을 거예요. 주변의 것들을 모두 잊어버리고 내가 하려는 것을 하기 위해 뭔가에 집중하고 있는 그 순간이 열정이라고 생각합니다.

또 내가 무언가를 이루어냈을 때 한순간 공허함이 엄습해옵니다. 어떤 일을 하든 초기에는 힘들게 마련인데, 그 시간을 묵묵히 이겨내고 나서 뒤돌아보면 그때가 정말 행복했다고 느껴집니다.

저도 공연을 마치고 나면 그런 공허함을 많이 느껴요. 한 달 내내 준비해서 마지막 공연을 하고, 드디어 마지막 곡이 끝난 뒤 무대에서 인사하고 뒤돌아설 때가 바로 공허해지는 순간이에요. '이걸 위해서 내가 이렇게 달려왔구나. 이제 다 끝났어' 하는 생각이 들면 안도감과 함께 왠지 모르게 마음 한구석이 허전해집니다. 그래서 함께 공연을 준비한 사람들과 뒤풀이도 하고 파티도 해요.

정신없이 아등바등 살아가는 사람들은 공허함을 느낄 순간조차 없지만 조금이나마 여유로운 사람들이 더 그런 감정에 빠져들지 않을까 싶어요. 그렇다면 어떻게 해야 공허한 마음을 채울 수 있을까요? 내 삶에는 음악이 있지만 그 외의 것도 많아요. 뮤지컬도 있고, 스케이트보드나 자전거를 타고 싶기도 하고, 친구들과 얘기하거나 책을 읽고 싶을 때도 있어요. 따라서 내 삶의 위치를 한곳에 한정시켜두지 말아야 해요.

이 세상에 영원한 건 없어요. 제가 21년 동안 음악을 했지만 영원하진 않아요. 언젠가 어떤 이유로 음악을 못하게 될 수도 있어요. 한곳에 너무 집착하여 마음을 쏟다 보면, 그것이 사라졌을 때 엄청나게 공허해져요. 내가 뭘 할 수 있을지 다양한 곳에 자기 포지션을 만들어놓아야 해요. 이것도 하고 저것도 하라는 말이 아니에요. 내가 돌아갈 수 있는 집, 즉 내 인생의 중심이 되는 홈Home은 반드시 잡고 집중해야 하지만 그 이외의 것들도 준비해야 해요.

이것 말고도 내가 즐겁게 할 수 있는 것, 내가 한번 도전해보고 싶은 것을 항상 서브로 가지고 있으면 어떨까요? 큰 것을 상실했을 때 그 공허함을 채울 수 있는 것들을 항상 생각하고 있으면 어떨까요?

그리고 진정한 자유를 얻으려면 정말 열심히 하는 수밖에 없어요. 연습이 부족하면 무대에서 긴장되고, 자유롭다고 느끼지 못해요. 만약 엄청나게 연습한 뒤 무대에 올라가면 어떤 상황이든 '내 몸에 완벽하게 내 음악이 들어와 있구나' 하는 자신감이 생겨서 두려운 게 없어요. 그 상태가 곧 자유라고 생각해요.

　제가 라디오 프로그램을 진행할 때는 항상 '자유롭게, 열심히'라고 끝인사를 했어요. 또 제가 해야 될 대사 중에 '자유에는 희생이 따르는 법'이라는 말이 있어요. 자유를 얻으려면 그 대가가 따른다는 건 부인할 수 없는 사실인 것 같아요. 진정한 자유를 얻기 위해서는 열심히 노력하는 과정이 반드시 필요합니다.

내가 찍고 싶은 것들

이상엽

이상엽

포토저널리스트이자 다큐멘터리 사진가. 1991년부터 글을 쓰고 사진을 찍기 시작했다. 네이버와 내셔널지오그래픽(한국판) 심사위원으로 활동했고, 지금은 〈프레시안〉 기획위원을 맡고 있다. 지은 책으로 『이상엽의 실크로드 탐사』, 『낡은 카메라를 들고 떠나다』, 『사진가로 사는 법』 등이 있다.

○○○○

그동안 저는 『최후의 언어』, 『변경 지도』 등 열다섯 권의 책을 출판했고, 최근에는 제6회 '일우사진상'을 수상하면서 기념 전시회를 열기도 했습니다.

제 이야기를 시작하기 전에 먼저 바로잡아야 할 것이 있습니다. 흔히 사진 하는 사람들을 '사진작가'라고 지칭하는데, 그러면 안 돼요. '소설 작가', '시 작가', '회화 작가', '조각 작가'와 같은 말은 없잖아요. 그러니까 그냥 '사진가'예요.

왜 작가라는 명칭에 대해 이렇게 목말라할까요? 사회적으로 어떤 '타이틀'을 부여받고 싶고, 또는 '타이틀'을 부여함으로써 그 사람을 칭찬하고 싶은 욕망 때문일 거예요. '작가'라는 말은 꼭 어느 장르에 매달리지 않아도 무엇을 짓는 사람이거든요. 그것이 사진이든 그림이든 상관없이요.

저는 1992년부터 사진을 찍었어요. 어느새 25년이나 되었네요. 대부분은 사진가로 살았지만 사진을 찍는 만큼이나 글을 쓰기 때문에 책을 쓰는 작가가 될 수는 있어요. 근데 사진을 가지고 미술적 관점에서 전시를 하는 작가라고 한다면 저

한텐 아직 모호해요. 제 사진이 미술관 같은 전시 공간으로 들어온 지가 얼마 안 되었기 때문이죠. 그런 측면에서 저는 '사진가 이상엽'이 더 좋아요.

나는 '사진가 이상엽'이다

그렇다면 사진이란 무엇일까요? 이것은 굉장히 어려운 질문이에요. 〈포토닷〉이라는 잡지에서 모든 사진가, 사진이론가, 비평가들에게 '당신에게 사진이란 무엇입니까?'라는 질문을 던졌어요. 그랬더니 3분의 1 정도가 사진과 관련된 글을 쓰기 힘들다고 포기했대요. 이렇게 이 시대에 '사진이란 무엇인가?'를 논하기가 굉장히 어려워졌어요.

과거에 사진은 과학적으로 사물을 찍어내는 개념이었고 지금은 하나의 예술 장르가 되어버렸는데 사진이 뭔지 다들 모르겠대요. 그것이 '과학적' 의미인지 우리의 '언어적' 의미인지는 모르겠지만, 사진이 우리 사회에서 핸드폰으로 찍는 행위 그 이상으로 더욱 복잡한 의미를 갖게 된 거죠. 저는 사진이 '예술'이라기보다는 '기록'이라고 생각해요. 특히나 생각과 언어를 '시각적 이미지'로 표현해줄 수 있는 '언어' 말입니다.

우리는 과거를 기록으로만 상상을 해요. 우리가 과거로 돌아갈 수는 없기 때문이죠. 오직 현재 남아 있는 화석화된 기록을 통해 과거를 추상하죠. 그런데 공룡, 메소포타미아 문자 등 과거를 추상할 수 있는 수많은 화석화된 기록 속에서 가장 정밀하게 과거를 복원시킬 수 있는 것이 바로 사진이에요.

1830년대에 사진이 처음 생긴 뒤로 상당히 많이 찍혔어요. 그 덕분에 지금의 어떤 영화 제작자도 최소한 19세기를 시각적으로 재현하는 데 큰 어려움이 없어요. 만약 문자만 가지고 1700~1800년대 소설로 그 당시 프랑스를 그린다면 고증을 해도 상당히 어려워요.

우리도 마찬가지예요. 사극의 배경이 되는 조선시대, 고려시대, 고구려 등등에 대한 고증이 굉장히 정밀할 것 같지만 우리가 어렸을 때 보던 사극의 한복과 요즘 방영되는 사극 속 한복은 완전히 달라요. 한복도 트렌드에 따라 달라지기 때문이에요. 엄밀히 말하면 사극의 고증이 정확하지 않다는 거죠.

이렇게 사진은 기록의 일환으로 우리에게 줄 수 있는 여러 혜택이 있어요. 물론 사진이 '100퍼센트 명확하게 이것이다', 혹은 '저것이다' 하고 지시하진 않아요. 사진은 아주 모호해요. 하지만 사진은 마치 우리 눈으로 보는 것처럼 직관력을 통해 우리를 설득시키는 힘이 있어요. 그런 측면에서 사진이 가진 기록성은 다른 매체에 비해 상당히 탁월한 측면이 있다고 생각합니다.

그런데 사진은 진실과 거리가 멀어요. 우리의 언어도 그렇고 우리의 기억도 진실을 추구하겠지만 진실하진 않아요. 좋은 것만 기억하려 하고 부정적인 것은 잘 기억나지 않죠. 방송이 프레임과 편집으로 얼마든지 사실을 조작할 수 있듯 사진도 하나의 프레임 안에 갇혀 있는 사실일 뿐이죠.

클린트 이스트우드 감독이 만든 「아버지의 깃발」이라는 영화가 있어요. 제2차 세계대전 당시 이미 유럽 전선에서는 독일이 패했는데도 일본이 항복하지 않자 미국이 일본 본토를 침공하기 위해 점령한 섬들 중 하나가 유황도예요. 그 섬의 가장 높은 고지를 점령한 뒤 미군이 성조기를 세우는 모습을 포착한 사진이 있어요. 당시에 이 사진은 퓰리처상도 받았고, 전세계인에게 미국을 상징하는 이미지로 기억되고 있어요.

하지만 이 사진은 조작되었어요. 그 전날 이미 그곳을 점령한 미군은 성조기도 올렸는데, 그 크기가 상당히 작았어요. 그런데 베를린을 침공해서 함락시킨 소비에트군의 소비에트 깃발이 엄청 컸던 거예요. 깃발이 꽂힌 사진 두 장을 보니까 너무 비교되는 거예요. 그러자 누군가가 '더 큰 성조기를 다시 만들어서 연출을 하자!'라고 제안했어요. 그 이튿날 미군은 큰 깃발을 제작해 다시 한 번 성조기를 올려요. 이게 바로 영화 「아버지의 깃발」이에요.

이 영화의 감독인 클린트 이스트우드가 보수주의자인데도 좌우를 막론하고 공감을 얻는 것은 진실에 가까운 이야기를 하기 위해 노력하기 때문이에요. 깃발 하나로 제2차 세계대전의 왜곡된, 드러나지 않은 사건이 얼마나 많았는가에 대해 클린트 이스트우드가 조용히 이야기하는 거지요. 거기에서 바로 사진이 중요한 모티브가 되는 거죠.

사진은 찍을 때 들여다보는 사각의 프레임 안에서만 진실할 뿐이에요. 그 사진 바깥에 무엇이 있는지 사진은 설명할 수 없어요. 그러다 보니 사진을 찍는 사람들은 '어떻게 하면 이 사진 표면에 나온 것 말고 밖에 있는 것 또는 사진의 밑에 가려져 있는 것까지 포함해서 전달할 수 있을까', 늘 고민해요. 하지만 그것은 사진만으로 불가능하기 때문에 번번이 실패하고 딜레마를 겪기도 해요.

그래서 이런 한계를 뛰어넘기 위해 사진을 통한 많은 시도가 생겨나요. 요즘은 멀티미디어를 통해 사진으로 조금 더 자신의 이야기를 풍부하게 전달하려고 노력하죠. 사진은 분명히 진화하고 있어요. 그 과정 속에서 사진가들이 가장 고민하는 것은 '사진이 결코 중립적이지도, 객관적이지도, 진실하지도 않는데 이것을 왜 찍어서 보여주느냐'인 거죠.

제가 이명박 정권 당시에 4대 강을 엄청 쫓아다니면서 찍었어요. 그런데 제가 낙동강 어딘가에 가서 포클레인으로 강을 마구 파는 사진을 딱 한 장 찍어서 '이것이 4대 강의 실체다'라고 얘기하는 건 상당히 문제가 있는 거예요. 전체에서 극히 일부분만으로 보편화시킬 수는 없기 때문이죠. 하지만 저는 4대 강과 보를 모두 돌아다니면서 거기에 있는 것을 빠짐없이 기록했어요. 최소 10만 컷은 될 거예요. 그럼 확률적으로 이게 나쁜 공사라는 확신을 줄 수 있다는 거예요.

사진은 일종의 '공공 아카이브'로, 과거의 잘못을 반복하지 않게 하는 중요 기록으로 남을 수 있어요. 저는 그런 공공 아카이브가 만들어져야 한다고 생각해요. 대중이 가장 보편적인 미디어 플랫폼을 통해 그 사진들을 보고 다시는 이런 파괴적인 행동과 국가적인 토목공사가 일어나지 말아야 한다고 인식하고, 그나마 남아 있는 4대 강의 모습을 통해 미래에는 이 강들이 어떻게 복원되어야 하는지 그 실마리를 줘야 해요.

요즘 사진을 찍는 젊은 세대는 훨씬 더 개인적인 측면의 작업을 해요. 국가에 대한 문제까지 자신이 개입할 여력이 없다고 생각하는 거죠. 하지만 과거에는 20대가 국가를 상대로 맞섰어요. 변화할 수 있다는 희망도 보았죠. 물론 지금은 그런 운동의 시대가 아니지만, 사진기를 든 개인도 '내가 하는 것들이 어떻게 쓰일 것이냐'에 대한 관점을 가질 수 있다는 거죠. 그런 측면에서 저는 사진과 글을 통해 무엇인가를 하고 싶어요. 개인적인 성취를 위해, 예술을 위해 무엇인가를 하는 건

제 취향이 아닌 것 같아요.

무엇을 어떻게 찍을 것인가

제가 대학교 4학년 말에 〈길〉이라는 월간지에 들어갔어요. 노동운동가와 학생운동가가 만든 잡지였는데 당시 1만 부가 나갔어요. 지금은 1만 부라고 하면 엄청나지만 당시엔 아무것도 아닌 시절이었어요. 〈신동아〉, 〈월간 조선〉이 20만~30만 부씩 찍어내는 시절이었거든요. 그런데 그때 회사 사정이 너무 안 좋아서 우리 잡지사의 사진기자 두 명이 월급을 안 준다고 도망을 가버렸어요. 아무리 진보적인 무언가를 한다고 해도 노동과 관련된 사정은 요즘 청년들만큼이나 열악했어요. '월급이 체불되지 않고 제발 매달 받기라도 하면 좋겠다'는 생각을 할 때였으니까요.

처음에는 글 쓰는 볼펜기자였어요. 그러다 사진기자가 모두 퇴사하는 바람에 사진부로 옮기게 되었어요. 문제는 회사에서 사진기를 사줄 만한 여력이 되지 않아 사진기도 없었다는 거죠. 사진부를 어떻게 굴러가게 할 것인가에 대한 대안도 없었어요.

현장에서, 특히 아스팔트에서 경찰들과 몸싸움하면서 자신의 사진을 지켜내기 위해 써야 하는 카메라는 생각보다 굉장히 비싸요. 보통은 카메라 값만 1,000만 원에 가까워요. 아스팔트에서 활동하는 사진기자들은 몸에 2,000만 원 이상 달고있어요. 그 사진기들은 비싸서 좋은 것만이 아니라 내구성도 강해요. 카메라를 바닥에 굴려도, 물대포를 맞아도 하나의 뉴스 가치로 삼을 만한 퀄리티의 사진을 만들어주는 거죠.

그런 의미에서 25년 전 제 상황은 힘들었어요. 그렇게 좋은 카메라를 갖는다는 게 쉬운 일이 아니었으니까요. 그때부터 잡지사를 그만둔 1995년까지 사진과 글을 동시에 연습하게 되었어요.

그렇게 월간지의 시대가 저물고 주간지의 시대가 왔어요. 그러면서 마침 글도 쓰고 사진도 찍을 수 있는 기회가 생겼어요. 이 두 가지를 할 수 있다는 것이 엄청난 강점이 되었죠. 그래서 1996년부터 IMF 전까지, 주간지의 전성시대에 가장 많이 취재하고 글을 가장 많이 쓴 것 같아요. 내가 살아가는 가치라는 점에서 최고의 전성기가 아니었나 생각해요.

최근에 제가 〈미디어오늘〉에 쓴 장문의 글*이 있어요. 펀치 사진과 관련된 내용인데 꼭 한번 읽어보세요.

---

* http://www.mediatoday.co.kr/?mod=news&act=articleView&idxno=130219&sc_code=&page=&total=

사실 미디어를 다루고 통제하려고 하는 인간의 의지는 아주 오래됐어요. 예를 들어볼게요. 1930년대 미국의 대공황기에 농업안전국에서 미국 내의 아주 유명한 사진가들을 모아 기록 사진을 찍게 해요. 그렇게 해서 총 27만 장의 기록사진이 수집 돼요. 그런데 펀치라고 알죠? 그 27만 장의 사진 중에서 10만 장의 필름 원판에 펀치로 구멍이 뚫렸어요. 다시는 그 필름을 쓰지 못하도록 가장 강력한 폭력을 사용한 거예요. 거의 세 장 중 한 장을 쓰레기로 만들어버린 거죠. 써도 되는 사진과 절대로 써서는 안 되는 사진, 그건 바로 '선택과 배제'였어요.

이런 선택과 배제의 논리는 필연적으로 맞닥뜨리게 돼요. 무엇은 선택되고, 무엇은 배제되지요. 문제는 일개 개인이 그대로 당할 수밖에 없다는 거예요. 만약 기자로 들어가 멋지게 글을 써서 넘겼는데, 데스크가 문장과 핵심 단어들을 다 바꿔버릴 수가 있어요. 그러고 나서 신문이 출고가 돼요. 또는 아예 내가 쓴 글이 반환이 돼요.

사진도 똑같은 운명이에요. 거대한 조직에서 활동하는 개인과, 개인이 혼자서 보여주는 그것은 서로 달라요. 영화라는 미디어는 절대로 혼자 만들 수가 없어요. 약 20년 전에 로버트 로드리게즈가 「엘 마리아치」라는 영화를 혼자서 연출, 편집, 시나리오, 음악까지 맡고 자신의 친척 두세 명을 배우로 출연 시켰어요. 그래도 혼자는 아닌 거죠.

하지만 사진은 혼자 할 수 있는, 흔치 않은 일이에요. 혼자서 찍고, 혼자서 편집하고, 혼자서 프린트하고, 혼자서 어딘가에 걸어놓고 다른 사람에게 보여줄 수 있는, 흔치 않은 미디어 중 하나예요. 그래서 상당히 많은 사람들이 사진이 가지고 있는 아주 개인적인 취향 때문에 매력을 느껴요.

특히 요즘의 스마트폰 카메라는 성능이 굉장히 좋아요. 예전의 필름 카메라 화질에 거의 육박해요. 그 정도의 카메라를 우리나라 국민 모두가 한 대씩 가지고 있는 셈이에요. 이건 아주 놀라운 변화예요.

언제 어디서나 손쉽게 사진을 찍을 수 있는 시대임을 잘 대변해주는 것이 '셀카'라는 말이 아닐까 해요. 더 정확한 용어는 '셀프 포트레이트self portrait'인데, 회화사에서 유구한 전통이 있는 개념이에요. 일종의 '자화상'입니다. 그런데 과거의 작가들은 왜 자신을 그리고 싶어 했을까 생각해보면, 먼저 떠오르는 것이 인간의 본성 안에 있는 나르시시즘이죠.

맨 처음에는 자기가 타인한테 어떻게 보일까를 고민하다가 자기 자신한테 도취되는 무엇인가가 있어요. 그것이 '셀프 포트레이트'라는 방식으로 표면화된 것이고요. 현대에 와서는 갑자기 스마트폰과 같은 기계가 모든 사람의 손에 쥐어지니까 타인을 찍는 것보다 나를 찍고 싶어 하는 강렬한 욕망이 일어나는 거예요.

또 사람들이 거리에 나가 누군가를 찍는 걸 무서워해요. 왜 자신을 찍느냐고 할까 봐, 초상권이니 타인에 대한 카메라의 폭력이니 하는 문제들이 불거지니까요. 상업적인 용도가 아닌데도 모델을 쓸 정도예요.

카메라의 폭력성에 대해 처음으로 이야기된 때는 1970년대예요. 수전 손택이라는 에세이스트가 『사진에 관하여On Photography』라는 책에서 언급했어요. 총을 슈팅하는 것과 마찬가지로 사진도 셔터를 누르는 것을 슈팅이라고 하는데, 사진기의 렌즈가 삐죽 튀어나와 있는 것을 수전 손택의 말을 빌려 표현하자면, 남근 같은 상징이라고 볼 수 있는 거죠. 카메라가 찍어내는 타인의 얼굴이나 사물과 풍경이 어떻게 쓰이느냐에 따라 폭력적으로 변할 수 있다는 거죠.

지금도 수없이 많은 사람들이 300밀리 이상의 망원렌즈를 들고 다니면서 무엇인가를 찍기 위해 클로즈업을 하는데, 사진은 이때부터 폭력이 되는 거예요. 왜냐하면 찍는 사람과 찍히는 대상의 교감이 없는 상태에서 나는 관찰자이고, 찍히는 대상은 피사체일 뿐이기 때문이죠. 프랑스의 전설적인 사진가 앙리 카르티에 브레송은 평생 동안 50밀리 렌즈만 썼어요. 왜냐하면 50밀리의 초점거리는 나와, 찍히는 대상이 모를 수가 없는 거리예요. 둘 사이의 커뮤니케이션이나, 내가 찍고 당신이 찍힌다는 것에 대한 교감 없이는 찍을 수가 없는 거리이죠.

결국 타인을 찍으려면 설득하고 양해를 구해야 하는데, 그러한 노력들이 귀찮아지니까 사람들이 갑자기 카메라 렌즈의 방향을 자기 쪽으로 돌리는 거예요. 그리고 어떻게 하면 타인에게 매력적으로 보일까를 고민하죠. 이것은 셀카라는 측면이 갖고 있는 자기과시성이에요. 자기 내면을 투영하기보다는 자신이 갖고 있는 외적인 무엇을 타인에게 어필하기 위한 장치로 훨씬 더 많이 쓰이고 있다는 것이죠.

그런데 저는 카메라 렌즈가 타인 쪽으로 향하면 좋겠어요. 카메라를 통해 '내가 당신을 이렇게 보고 있다'라는 따뜻한 시선으로 다가갈 때 사진은 시각적인 언어로 사용될 수 있어요. 렌즈를 나한테만 돌리면 더 이상 발전이 없어요. 자기는 자기일 뿐입니다. 렌즈의 방향을 상대방 쪽으로 돌릴 때, 좀 더 풍부한 언어가 생산될 것이라고 생각해요.

2000년대 초반, 디지털카메라가 세상에 보급되지 않았을 때만 해도 우리나라 4,000만 인구 중에서 카메라를 가지고 사진을 찍겠다는 사람은 10만 명 중 한 명도 안 되었어요. 아주 극소수였죠. 그런데 20년도 지나지 않아 굉장한 '언어' 하나를 얻은 거예요. 그런 측면에서 나는 사진 하는 것이 무척 재미있고, 즐겁고, 내 삶에서 아주 괜찮은 일이라고 생각해요.

사진가의 길을 걷더라도 다 같지는 않아요. 순수한 사진 예술가도 있고 사진 기록자도 있지요.

그런데 한국에 있는 언론사의 사진기자들 중 90퍼센트가 비전공자이고, 10퍼센트 정도만 사진과를 나와요. 여기에는 일제강점기 때부터 넘어온 제도화된 관념이 투사되어 있어요. '사진이라는 시각 매체는 별것 아니다'라는 거죠. 대충 훈련만 시키면 아무나 사진을 찍을 수 있다는, 굉장히 오만한 언론사 데스크들의 생각이 있는 거죠.

하지만 그렇지 않아요. 그런 사람들이 만들어낸 국내 신문사의 기사 사진을 보면 퀄리티가 현격하게 떨어져요. 항상 비슷한 앵글, 비슷한 프레임이죠. A신문과 B신문의 차이가 없어요. 현재 전 세계적으로 사진을 시각적 언어로 여기고 사진에 대한 관심이 많은데, 제도화된 곳에 들어가 사진을 찍는 사람들은 왜 그렇게 보수적으로 변하는지 고민해봐야 해요.

이제는 그러한 보수적인 제도권의 생각을 따를 필요가 없어요. 언론사들이 모두 외주를 주려 하기 때문에 더 이상 신규 인력을 뽑지 않아요. 그러면 '어떻게 사진기자가 되는가?', '포토저널리스트가 될 수가 있느냐?', 또는 '다큐멘터리 사진가가 될 수 있느냐?'라는 생각이 들 거예요. 오히려 지금은 독립적으로 작업해서 그 결과물을 조직에 판매하는 방식이 나은 시대가 되었어요. 조직에 들어가 월급 받으면서 활동하지 않고 모든 사진을 스스로 만들어내어 자유롭게 판매하는 거죠.

외국에서는 에이전트가 중간 거래를 해줘요. 우리가 잘 아는 '매그넘Magnum'은 바로 그런 역할을 하는 에이전트였어요. 앙리 카르티에 브레송도, 로버트 카파도 알고 보면 개인 사진 가예요. 개인 사진가들이 모여 에이전트를 조직한 거예요. 그래서 지금도 매그넘이란 조직은 협동조합이에요. 모든 조합원이 골고루 한 표씩 갖고 있는 조직이에요. 그리고 조직이 방대해지면서 사장이라든지 경영자를 고용했을 뿐이에요.

앞으로 한국의 시스템도 크게 변할 거예요. 특히 방송이, 종편 이후에 굉장히 변했어요. 거의 춘추전국시대죠. 정글이 될지, 통일이 될지는 알 수 없어요. 가장 불안한 곳은 종이매체예요. 신문부터 주·월간지 같은 전통적인 매체가 과연 '미디어 측면에서 중요한 사진을 어떻게 할 것인가'가 관건이 되겠죠.

현재 잡지사들은 인터넷에서 사진을 퍼다 써요. 출처도 제대로 밝히지 않죠. 제 입장에서는 이러한 잡지들과 거래를 할 수 없는 이유이기도 해요. 그런데 이런 정글의 형태가 마냥 계속되지는 않을 거예요. 분명히 정착되는 시기가 올 텐데, 그땐 지금의 모습과 아주 다를 거예요. 그렇다면 10년 뒤를 내다보는 안목으로, 그때 사진가로서 정점에 오르기 위한 준비를 해야 하지 않을까요?

'결정적인 순간'이 말해주는 진실

사람들이 제 작품을 보고는 중심으로부터 소외된, 변경과 변방이라는 주제가 관통하고 있다고 말합니다. 그것에 대해 잠시 얘기해볼게요.

일단 변경이라는 것은 지역을 의미하잖아요. 영어로는 '프런티어frontier'라고 하는데, 우리는 단지 지역이라는 개념을 넘어 전혀 다른 의미로도 생각해요. 그러니까 어디든 중심이 있으면 거기서 멀리 떨어져 있는 반대쪽이 변경인 거예요. 중심이 작고, 정리시키고, 가두려 하고, 말을 잘 듣게 만들려 하는 강력한 구심력을 가지고 있다면, 변경은 '어떻게 하면 이 중심으로부터 도망갈까', '도망가서 내 마음대로 살까', '자유로울까'를 꿈꾸는 원심력인 거예요.

이 두 가지는 분명히 상대적인 개념이에요. 만약 우리로 따지자면, 가장 먼 변경은 어디쯤 될까요? 남쪽으론 제주도, 북쪽으론 파주? 비슷해요. 우리는 사실상 섬나라라고 할 수 있어요. DMZ로 인해 더 이상 나아갈 수 없어요. 비행기나 배를 제외하고 육로로는 외국에 갈 수 없는 나라가 되어버렸어요. 실제로 우리 눈앞에 보이는 가장 강렬한 변경은 DMZ일 거예요. 또는 저 멀리 '제주도의 강정마을' 같은 것들이 우리 마음 속의 변경이 되죠. 그것은 바로 우리의 몸, 즉 신체와 같은 지오그래피geography예요.

우리는 마치 신체처럼 한반도를 봐요. 한반도의 모습을 호랑이라고 생각하는 것처럼, 그런 그림을 한반도에 투사하는 순간부터 그것이 지리적 신체가 되지요. 우리는 그 지리적 신체에서 허리가 동강이 난 것이고요. 그리고 저 밑에 있는 제주도, 수면 아래에 있는 이어도, 그리고 저 멀리 울릉도 옆에 있는 독도…… 이 모든 것이 자신의 신체처럼 뭐 하나 잘릴까, 잃을까 불안해하는 사람이 되어버렸어요. 이것이 바로 우리가 생각하는, 그리고 세가 생각하는 '변경'이라는 하나의 주제예요.

그런데 강화도는 변경일까요? 서울에서 지척인데 무슨 변경이냐고 의아해할지도 모르겠어요. 실제로 강화도는 변경이에요. 옛 한양을 지키기 위한 전초기지였어요. 강화도에는 돈대가 54개나 있는데, 바로 미국과 전쟁을 했던 신미양요의 중심지였지요.

사실 변경이 개념적으로 보면 모호한 부분도 분명히 있어요. 저 멀리 만주 땅에 있는 고구려나 고조선이 우리의 훌륭하고 자랑스러웠던 역사인가 하는 것에 대해 생각해본 적 있어요? 우리가 믿어 의심치 않는 사실이 '사실은 사실이 아니'라면 어떻게 할 거예요? 배신감을 느낄 수도 있고, 그것에 대해 더 멀어질 수도 있어요.

그러한 것에 대비할 수 있는 회의주의를 늘 키워야 해요. '이것이 사실일까?', '우리가 알고 있는 위안부 문제는 정말 진실일까?'에 대해서 깊이 고민해야 한다는 거예요. 우리가 믿어 의심치 않는 사실이 많아질수록 우리 사회는 너무 단순해져요. 그런 것들로 인해 제도는 더욱더 강해지고 사람들이 생각할 수 있는 여지가 사라져요.

변경도 그런 작업의 일환으로 '내 땅에서 일어나는 일이지만 내가 조금 더 다른 생각으로 사물을 볼 수 있지 않을까' 하는 아이디어에서 나온 거예요. 그렇지만 나는 사진가니까 현장에 꼭 가야 하고, 현장에서 본 그 사물의 시각적인 부분을 사진으로 찍지만 사진이 보여줄 수 없는 그 무엇의 이야기를 그나마 진실에 접근하도록 열심히 글을 쓴 거죠.

'변경 시리즈'는 2007년부터 시작했어요. 당시 우리 집 앞이 금호동이라는 곳이었는데, 갑자기 뉴타운으로 동네가 쑥대밭이 된 거예요. 오직 생존하려는 자와 땅을 통해 돈을 벌려는 자의 전투였어요. 그래서 멀리 갈 것이 아니라 내 땅 위의 내 집 앞부터 찍어야겠다고 생각한 게 '변경 시리즈'였어요. 그전에 한 10년 동안은 무엇에 홀린 듯 세상을 떠돌아다녔어요. 분쟁 지역도 많이 다니고요.

분쟁 지역에 가서는 보도 윤리에 대해 많이 생각했어요. 타인의 고통을 통해 내가 무언가를 성취한다는 게 굉장히 위선적으로 느껴지는 때가 결국 와요. 그것을 받아들이고 그런 쪽의 취재를 놓아버리느냐, 아니면 그것을 업으로 삼고 계속 그 길로 가느냐에 대한 문제가 생기죠.

'고통의 에스컬레이터'라는 게 있어요. 처음에 에스컬레이터를 탈 때는 작은 충격에도 사람들이 민감하게 반응해요. 그 단계를 조금만 지나 일상이 되면, 더 강한 충격이 와야 반응하게 되는 거예요. 분쟁 지역을 쫓아다니는 사진가나 리포터들은 바로 그런 고통의 환각제에 아주 익숙해져 있어요. 웬만한 것에는 충격도 빋지 않고 감동하지도 못해요. 비극적인 상황에서도 마치 사이코패스처럼 미동도 없어요.

저는 동티모르 독립전쟁을 취재하면서 느꼈어요. '아, 나도 무뎌지고 있구나. 안 되겠다'라는 생각이 들었어요. 그래서 2000년 즈음에는 분쟁 지역의 사진을 그만뒀어요. 내가 포토저널리스트로서 세상의 강력한 사회적 이슈를 위해 그런 곳에 뛰어들었다고 생각했지만 나부터 그런 일에 무감각해지고 있다는 걸 느꼈죠.

그 이후에는 짧은 기간 동안 이슈를 찾아다니지 않고 1년 또는 2년 이상의 장기 취재를 하게 되었어요. 블라디보스토크에서 상트페테르부르크까지 1만 1,000킬로미터쯤 되는 시베리아 횡단열차를 타고 3년여를 돌아다니기도 했어요. 그때 낸 책이 『레닌이 있는 풍경』이에요. 3년 동안 러시아라는 거대한 땅을 돌아다니며 보려고 했던 레닌은 나의 학창 시절에 내 머리와 가슴까지도 장악하고 있던 상징적인 무엇이었어요.

그런데 제가 러시아에 가봤더니, 1990년대에 사회주의가 해체되면서 레닌과 스탈린의 동상이 일거에 해체된 거예요. 그렇게 동상들을 없애고 나서 러시아 사람들이 가만히 생각해보니까 러시아를 나타내는 '상징'이 없어진 거죠. 어쨌거나 땅덩이로 보면 전 세계에서 가장 거대한 나라이고, 그나마 미국을 견제할 수 있는 제2세계였는데 말이죠. 자신들을 상징할 무언가를 찾아보았는데, 그렇다고 옛날의 폭군 차르를 내세울 순 없잖아요. 결국 쓰레기 더미에서 레닌을 다시 데려와 광장에 하나씩 세워놓아요. 스탈린은 워낙 국민들에게도 악당이라서 아무도 애정이 없지만 레닌은 당시 소비에트연방을 구축한, 가장 강력한 지도자였음을 러시아 국민들 스스로가 인정한 거예요.

사람들은 좋은 사진을 보면서 '그림 같다'고 표현해요. 사진계에서 그 말은 치욕이에요. 사진은 이미 미술로부터 분리되었어요. 스스로의 아이덴티티가 생겼고 독립된 예술 장르예요. 그렇다면 사진만의 언어를 만들어야 해요. 잘 찍은 사진은, 매력적인 사진은 나의 눈을 훨씬 더 오래 붙잡아놓아요. 그림 같은 사진은 보면서 척척 넘어갈 수 있어요. 그런데 묘하게 아름다운 사진은 그림 같지도 않고 황금분할도 아니에요.

그리고 사진에서 무엇이 나의 눈길을 끌까 하는 것들은 사적인 면을 가지고 있어요.

우리 사회에 그림을 그리는 화가는 많지 않아요. 하지만 사진을 찍는 사람은 100퍼센트예요. 우리 모두가 사진을 찍고 있죠. 그러니까 나름의 방식이 있을 거예요. 많이 찍을수록 좋은 사진이 나올 가능성이 높아요. 그림처럼 캔버스를 잡고 1년, 2년, 3년 그리는 것과는 달라요. 사진은 자신의 눈과 머리와 직관을 가지고 끊임없이 시도하는 것이고, 그중에서 건져 올리는 거예요.

브레송이라는 사진가를 조금이라도 아는 사람은 '결정적인 순간'이라는 미학에 대해 들어보았을 거예요. 보통 사람들은 계속 기다리다가 한 컷 딱 찍었을 때, 그것이 바로 결정적인 순간이라고 착각하는 경우가 있어요. 그건 사진 미학이 아니에요. 브레송도 그 결정적인 순간을 찍기 위해 수많은 필름을 썼어요. 그중에서 그 장면을 골라내는 거예요. 결국 사진은 왕도가 없어요. 관찰하고 열심히 찍기. 그러면 확률적으로 좋은 사진이 걸린다는 거죠.

최근에 가장 관심을 끄는 사회문제 중 하나는 비정규직 문제입니다. 지금도 제가 그와 관련된 작업을 하고 있어요. 현재 우리나라에서 비정규직에 관련된 가장 큰 조직이 한국비정규노동센터인데, 그쪽 사람들과 함께 일해요. 저는 주로 비정규직 노동을 하는 사람들을 사진으로 기록하고 그들의 구술을 따서 글로 옮겨요. 우리의 미래에 가장 중요한 기록이 될 수도 있으니까요.

저는 1995년에 회사를 그만둔 뒤 20여 년간 홀로 일했기 때문에 비정규직도 아니고 '무'정규직이었어요. 그런데 예전에는 사람들이 '그런 사진 예술을 네가 선택한 거니까 그에 따르는 고통도 네가 안고 가라'고 얘기했어요. 그런 이야기가 올바른지 아닌지에 대해 깊이 고민해보지도 않고 이야기하는 것이지요.

제가 만들어낸 모든 사진, 또는 저와 비슷한 처지에 있는 예술을 하는 사람들이 만들어낸 것은 우리 사회에서 마치 공기처럼 그냥 공유되고 있어요. 우리가 미술관에서 보는 사진, 그림 등은 모두 창작자가 만든 거죠. 그런데 대부분 그들의 노동은 임금으로 환원되지 않아요. 그래서 그 사람들은 창작을 포기하거나 다른 직업으로 옮겨가버려요. 누가 손해일까요? 결국 사회 전체가 손해를 보게 돼요. 예술가들에 대한 사회적 지원은 필수예요. 안타깝게도 아직까지 한국은 그게 거의 이루어지지 않고 있죠.

지금 인류의 발달 단계를 볼 때, 1960~1970년대의 정규직 시대로 다시 돌아가는 일은 거의 없을 것 같아요. 노동과 자본의 관계는 분명히 바뀌고 있어요. 그럼 앞으로 '무엇이 인간을 가장 아름답게 만들 수 있는 조건인가'를 우리가 제안하면서 정말 치열하게 싸워나가야 해요. 가만히 있으면 국가는 절대로 국민들에게 시혜를 베풀지 않아요. 끊임없이 제안하고 끊임없이 싸우는 동안에 우리의 권리와 나의 노동의 대가가 생긴다는 거죠.

그리고 '혐오'에 대해 얘기해보자면, 우리 사회가 점점 다양화되어가는 과정에서 혐오 같은 것들이 도출되는 거예요. 사실 한국 사회에서 혐오는 너무 많아요. 제가 젊었을 때도 지역 혐오가 대단했어요. 특정 지역에 대한 혐오죠. '정규식이냐, 비정규직이냐'부터 시작해서 노동에 대한 혐오도 마찬가지예요. 예전에는 정규직·비정규직 문제가 아니라 블루칼라에 대한 혐오가 아주 컸어요.

우리 시대에 이런 혐오가 노골적으로 드러나는 것은 SNS와 같은 여러 커뮤니케이션 플랫폼을 통해 훨씬 더 자주 강렬하게 드러나고 있을 뿐이라고 생각해요. 그러면 우리는 어떻게 대처해야 할까요? 과거에 그랬던 것처럼 혐오는 아예 존재하지 않는다고 믿어버려야 할까요?

이제는 어떻게든 드러내고 담론화시켜서 혐오가 가지고 있는 문제점들을 적극적으로 고민해봐야 해요. 혐오하는 자들에게 양비론을 주장해서는 안 돼요. 그 예로 모 대학교에 세워져 있던 일베 조각상을 들 수 있어요. 그 작자는 '이 조각상은 일베를 지지하는 것도 반대하는 것도 아닌, 깊은 뜻이 있는 조각입니다'라고 말했지요. 하지만 이건 아니죠. 독일의 베를린 광장 한복판에다 갑자기 나치 깃발을 세워놓고 '이것은 예술입니다' 하는 것과 똑같은 거예요. 공공연하게 혐오를 드러내는 존재에 대해 잘 모르겠으니까 판단해보자, 라는 행위 자체가 동조에 가까운 거예요. 예술이라고 그것을 피해 갈 수는 없어요.

결코 특별하지 않은 만남

이원재

이원재

문화비평가이자 문화운동가. 1999년 시민단체 '문화연대' 창립에 참여한 후 지금까지 활동가로 일하고 있다. 현재는 문화연대 문화정책센터 소장으로, 문화와 관련한 정책 담론과 활동을 기획하고 있다.

○○○○

　문화연대는 1999년에 만들어졌고, 저는 창립 멤버로 17년 동안 활동하고 있습니다. 문화연대가 만들어진 때와 지금의 사회 분위기는 아주 다른 것 같습니다. 문화연대가 처음 만들어질 때의 정식 이름은 '문화개혁을 위한 시민연대'였어요. 그때 제일 많이 들은 질문이 '문화로 개혁해?'였어요. 결국 문화연대의 가장 큰 도전은 문화에 대한 선입견을 깨는 것이었습니다.

선입견을 깨다

　사람들은 '문화는 중립적인 것이다', '문화는 좋은 거다', '문화는 즐기면 되는 거지 뭐'라고 말합니다. 하지만 문화연대는 문화가 매우 정치적이고 경제적인 것이라고 생각합니다. 결코 중립적이지 않다는 거죠. 예를 들어 제가 단상 위에 혼자 서 있고 청중이 앉아서 듣고 있는 것도 하나의 정치적 관계입니다. 제가 양복을 입고 왔을 때와 청바지를 입고 왔을 때의 분위기가 다르잖아요. 문화적 가치와 의미들이 각각 다른 코드가 있는 거죠. 문화라는 것을 하나하나 들여다보면 모두가 정치나 경제, 그리고 사회와 연관되어 있어요.

두 번째 선입견은 '문화나 예술 같은 건 먹고살 만할 때 하는 거다'라는 거예요. 여가라는 거죠. 물론 먹고사는 게 중요해요. 하지만 문화 예술이 그냥 예쁜 것, 아름다운 것, 혹은 굉장히 자유롭고 특별한 사람들이 하는 것이 아니라는 거죠. 예술 때문에 우리가 죽고 살 수도 있는데 말이지요. 시대에 따라 다르겠지만 청바지 문화와 관련해서 예를 하나 들면, 대학 여름방학 때 제가 등록금을 벌려고 공사판에 나갔어요. 어느 날 벽돌을 나르고 있는데 고등학생 한 명이 왔어요. '넌 나보다 더 불쌍하구나, 고등학교 때부터 벽돌을 날라야 하다니!' 하는 마음에 1주일 동안 정말 잘해줬어요. 그러던 어느 날 제가 물어봤어요.

"왜 일하는 거예요?"

그러자 고등학생이 대답했어요.

"청바지 사려고요."

그 당시 고급 청바지가 10만 원이었어요. 문화적인 충격이었어요. 청바지는 가격이 저렴해서 입는데, 10만 원이라니!

그 말을 듣고 미친놈이라 생각했어요.

'나 같으면 청바지 안 입고 벽돌 안 나를 텐데.'

하지만 그 고등학생에겐 청바지 간지가 중요한 거죠. 그게 더 우선적인 가치인 거죠. 그런 것처럼 삶의 가치가 중요한 거예요. 젊은 세대는 핸드폰을 무척 중요시하지만 부모 세대는 그렇지 않잖아요. 먹고살기 힘든 시절에는 디자인에 신경 쓰지 않았지만 지금은 어때요? 디자인이, 간지가 중요하죠. 그런 것처럼 이제 문화나 예술이 삶에서 중요한 선택적·가치적 측면이 있는 거죠. 그런 것들이 굉장히 유동적이고 사회의 흐름에 따라 변화하는 것 같아요.

문화연대가 가장 중요하게 생각했던 건 '문화라는 게 우리의 삶을 구성하는 중요한 요소 중 하나다', '인간의 정체성부터 시작해서 언어나 인종이나 감정 욕망, 나아가 사회 변화에까지 도달할 수 있는 것이 문화다'라는 겁니다. 그래서 얘기한 것이 '문화민주주의'입니다.

민주주의는 법이나 제도 같은 형식으로 끝나는 것이 아니에요. 사람들이 변화하고 새로운 주체들이 만들어져야 하는데, 그것은 직접 투표한다고 되는 게 아니라는 거예요. 민주화 운동 과정에서 우리가 놓쳤던 것들이 내면화된 생각, 마음, 본능, 욕망 등과 같은 것들이잖아요. 실제로 지금 보면 그런 것들이 이슈가 되죠. 그 예로 성폭력, 성 소수자 문제 같은 것이 있죠. 예전에는 이런 문제가 민주주의의 주제라고 생각하지 않았지만 지금은 다르다는 거죠.

공간 문제 같은 것도 마찬가지입니다. 서울광장이 지금처럼 잔디 광장이 된 지 불과 몇 년밖에 되지 않았잖아요. 이전에는 그냥 도로였죠. 광장이 있는 것과 차들이 오가는 것은 서로 다른 도시 구조예요. 어떤 공간이냐에 따라 사람들은 서로 다른 주체적 관계를 맺게 되지요. 이런 것처럼 이제 문화는 굉장히 중요한 우리 삶의 영역이 되었습니다.

문화란 무엇인가

저는 문화 평론도 하고 문화 연구도 하고 주로 문화 운동을 하는데 제가 생각하는 운동은 이런 겁니다. 저는 문화를 이렇게 정의해요.

'특정한 시기의 삶에서 무수하게 발현되는 가치, 태도, 신념, 지향점, 전제조건으로서의 문화.'

여기서 문화라는 건 일반적으로 정치, 경제, 문화, 사회의 네 분야로 나눌 때의, 좁은 의미의 문화가 아니라 정치, 경제, 사회, 다른 모든 영역에서 사람들의 태도와 행동을 안내해주고 협동하고 공유하게 하는 가치죠. 문화 운동이라는 것은 독창적이고 창조적인 사람들이 살던 대로 사는 것, 자본주의 구조에 중독되어 사는 게 아니라 자립적이고 대안적인 커뮤니티를 구성하며 활동하는 것, 그런 사회구조를 만들어가는 것이라고 생각합니다. 경제와 정치가 물론 중요하지만, 그렇다고 문화가 부차적인 게 아니라 삶을 횡단하고 공동체나 국가나 인간관계를 형성하는 중요한 영역인데 그걸 우리는 지금까지 너무 쉽게 봐오지 않았나 하는 거예요.

문화연대는 시민, 문화운동가, 문화연구자, 문화예술인 등이 모여 '문화 사회'나 '문화 권리', '문화민주주의' 같은 화두로 시작했습니다. 문화 권리라는 것은 문화적 관점에서 작동하는 권리인데, 성 정체성이나 표현의 자유와 같은 것들입니다. 요즘은 마을 만들기처럼 커뮤니티나 관계가 무척 중요하죠. 최근에 나온 책들이 바로 우리가 위험한 사회에 살고 있다는 이야기잖아요. '위험사회', '무연사회', '피로사회'와 같은 책 제목만 봐도 알 수 있어요. 여러 이야기를 관통하는 게 우리가 살기 힘들다는 거죠.

그 예로 '재난'을 생각해볼 수 있어요. 세월호 사건 이후에 많이 이야기합니다만, 재난은 특별한 상황이죠? 그런데 지금 우리에게 재난이 특별한가요? 인문학자나 사회학자들이 '재난'과 '난민'에 대해 많이 토론하는데, 사실 무척이나 특별한 주제인데도 지금은 보편적 화두죠. 우리가 재난 상태라고 많은 사람들이 생각하는 것 같아요. 청년 실업 같은 젊은 세대와 관련된 것도 화두잖아요. 이것도 일종의 재난 상태예요. 취업 걱정, 주거권 걱정…… 대학에 들어왔지만 계속 그런 것들(취업, 주거권 등)을 걱정하고 고민해야 하는 재난이죠.

그런데 재난사회에서 중요한 것들 중 하나가 '관계의 해체' 예요. 자살률 같은 것들도 이와 관련되어 있어요. 또한 관계 해체는 우리 사회의 문화와 관련되어 있어요. 열심히 취업하고 결혼해서 살아가는데, 내가 열심히 일해서 돈을 버는데 결국은 내 아이와 함께할 시간이 없어요. 내 아이를 다른 사람한테 맡기고는 내가 번 돈을 줘야 해요. 가족들과 잘 살고 싶어서 열심히 일했는데 정작 아이들과 대화할 시간조차 없어서 과감하게 잘되는 가게의 문을 닫고 귀촌하는 사람도 있어요. 삶의 가치에 대해 새롭게 생각해보자는 것이죠. 이런 것들과 문화는 굉장히 밀접하게 연결되어 있어요.

우리가 살고 있는 관계, 소통, 커뮤니케이션 등이 부재하고 해체된 것에 대한 대가는 무엇일까요? 그것은 어마어마한 거죠. 어버이날에 딸과 아들이 아버지를 죽이고 유기한 사건이 벌어졌어요. 그런데 자식들이 사이코패스라서 생긴 문제가 아니에요. 그런 사건이 반복적으로 생기잖아요. 삶의 관계가 해체된 거죠. 우리의 일상, 문화와 같은 것들을 부차적으로 생각하고 그저 계속 발전해야 되고 개발해야 되고 성공해야 되고 경쟁해야 된다고 생각한 결과물인 거죠. 그래서 우리는 OECD 국가가 되었고 선진국이 되었는데, 과연 행복한가요?

다시 일상으로 돌아오다

한국은 엄청난 학벌 사회입니다. 전 세계에서 100위 안에도 못 드는 서울대에 들어가려고 어릴 때부터 목숨을 걸잖아요. 학력과 성장이라는 이데올로기로 보면 당연하지만, 성찰적인 삶의 문화적 가치로 봤을 때는 과연 그게 당연한 것일까요?

정부가 세종시로 옮겨간다고 할 때 광화문 일대의 정부 건물들을 팔겠다고 했어요. 이전비가 필요하니까요. 그래서 문화연대가 그에 반대하는 퍼포먼스를 했어요. 이런 걸 할 때마다 왜 그러냐는 질문을 받아요. 돈을 우선적인 가치에 두는 사람들 입장에서는 이해가 안 되겠죠. 예컨대 대학교 앞에 주차장을 만들 것이냐, 도로를 넓힐 것이냐, 병원을 지을 것이냐, 놀이터를 만들 것이냐 하는 건 취향이 아니잖아요. 철학적 가치가 담겨 있는 거죠.

그동안 문화연대가 했던 활동을 정리해보면 몇 가지 트랙

이 있습니다. 그중 하나는 우리가 문화적인 삶을 살고 싶은데, 행복해지고 싶은데, 더 나은 공동체나 커뮤니티 관계를 갖고 싶은데…… 그걸 가로막는 것들과 싸우는 거죠. 한미 FTA라든지 용산 참사와 세월호 참사처럼 우리 삶의 행복을 가로막는 것들과 싸우는 일이죠.

두 번째로는 대안을 만드는 겁니다. 지역이나 마을이나 동네의 삶을 상상하고 자본주의 밖의 삶을 상상해보는 것. 지금은 우리에게 익숙해진 마을 만들기나 도시 재생 같은 것들도 불과 십몇 년 전에는 허무맹랑하게 취급되었어요. 2000년에 문화연대가 북촌의 한옥을 지켜야 한다고 주장했을 때 주민들은 돌을 던졌거든요. '집값 떨어지게 왜 난리냐', '빨리 저 허름한 한옥들 부수고 집을 지어야지'라고 얘기했는데 지금은 어때요? 무척 비싸졌을 뿐만 아니라 리노베이션도 많이 하죠.

또 하나는 사회적인 연대예요. 앞서 얘기한 것처럼 '문화'라고 하면 문화와 예술 영역으로만 여기는데, 그게 아니라 문화를 가지고 사회적으로 연계하는 것이에요. 예술노동의 주제와도 관련되어 있어요. 노동 현장 사진을 많이 찍는 정택용 작가의 사진을 보면 많은 노동자가 등장해요. 한진중공업, 쌍용자동차, 콜트·콜텍 등의 노동자 사진인데 과거에는 '예술노동' 하면 노동과 연대하는 예술가 정도로 생각했던 것 같아요.

우리가 던진 화두는 '예술가도 노동자다'라는 거예요. 예술에 내재된 노동의 문제를 얘기하고 싶었어요. 예술이라고 했을 때 우리는 늘 특별한 사람들이 하는 거라고 생각하죠. 천재적이거나 아니면 또라이거나. 하지만 결론부터 내리면 이렇게 말할 수 있어요.

'예술이라는 건 우리 삶의 일상에 있는 것들이다.'

우리가 교과서에서 보는 동굴벽화처럼 옛날에는 예술가가 마을의 촌장이거나 지도자였고, 종교적 지도자였어요. 자본주의가 발달하면서 오히려 예술은 가장 외곽, 주변부가 됩니다.

그렇다면 왜 예술이 가장 주변부가 되었을까요? 조금만 생각해보면 간단해요. 자본주의화라는 게 결국 상품을 생산하는 것이고, 그 상품은 산업화를 전제로 하는 것이고, 산업화는 표준화가 되어야 하는 거죠. 자동차, 신발 등과 같은 제품은 모두 표준화가 되어 공장에서 척척 찍어내는 거죠.

자본주의는 모든 삶을 상품으로 만들어요. 그런데 상품은 대부분 내가 만드는 게 아니라 공급되는 거잖아요. 우리는 지금 어느 정도의 시대에 살고 있을까요? 알파고나 인공지능이 여러 가지 이유로 사람들에게 충격을 주었어요. 인간의 지능이라는 것조차 상품화된 거니까요.

일본의 애니메이션들이 옛날부터 던지는 질문은 '인간과 기계의 차이는 무엇인가?'였어요. 그런데 인간과 기계의 차이가 애매해지거나 혼란스러워졌을 때 우리가 힘든 이유는 뭐예요? 인간의 상품화라는 거지요. 이제 인간이 상품이 될 수 있는 거죠.

의료 기술이 발달하기 전에는 인간의 장기가 상품이 되지 않았어요. 이식할 수 없으니까 아무런 가치가 없었어요. 그런데 지금은 그렇지 않잖아요. 그뿐만이 아니라 사람과 사람의 관계도 상품이 되었어요. 요양원, 결혼정보회사 등과 같은 서비스가 다 상품이잖아요. 이렇게 자본주의는 우리의 삶을 계속 상품화해요. 최근 우리 사회의 최고 상품은 '힐링'이에요. 그와 관련된 지식, 교육 같은 서비스가 계속 개발되고 있어요.

그런 상품화 또는 상품의 특징은 공급이에요. 요즘 사회 혁신가들의 화두는 '신인력'이에요. 우리가 원래 할 수 있는 능력들이 사라지면서 상품화되고 대체된다는 거죠. 관계에서도 마찬가지예요. 예전에는 이웃들이 돌봐주었지만, 지금은 그것이 CCTV라는 상품이 되었어요. 예전에는 마실 나온 할머니 할아버지들이 정자에 앉아 동네에 무슨 일이 일어나는지 다 보면서 얘기를 전하곤 했죠. 그런 것들을 CCTV로 대체하면서 엄청난 비용을 지불하고 있어요. 그래서 다시 '마을 만들기' 같은 프로젝트를 진행하고 있어요. 복원, 인간력, 인간의 관계가 해체된 것을 어떻게 복원할 것이냐에 대한 숙제예요.

마을 공동체가 해체되면서 무연사회가 되었어요. 옆집에서 사람이 죽어도 모르잖아요. 일본에서는 공동주거 형태의 경우 노인 3에 젊은 부부 1의 비율로 지원하는데, 젊은 부부는 굉장히 싸게 입주해요. 그러면 시간적·경제적 여유가 있는 은퇴자들에게는 새로운 삶의 방식을 제공할 수 있어요. 할머니들이 이웃의 아이들을 돌볼 수도 있고, 젊은 사람들을 보면서 새로운 활력을 얻을 수도 있으니까요.

요즘 저는 고민이 많아요. 자본이 상품을 만들어 공급하면서 이전에 우리가 할 수 있었던 것을 많이 잃어버렸어요. 외식 문화가 발달할수록 밥하고 요리하는 일이 줄어들지요. 예술이 꼭 상업에 적대적인 것이 아니라 그 상업화의 가치가 인간이나 공동체나 내 삶의 가치를 확장해주는 경로로서의 상업화인가, 아니면 그것이 삶을 더 힘들게 만드는 것인가 하는 문제를 고민해야 한다는 거죠.

자, 로봇이라는 상품이 나왔어요. 그것에 대해 '모든 기술을 거부하자, 과거로 돌아가자'라고 반대할 수만은 없어요. 그 로봇이 우리에게 큰 도움이 될 수도 있잖아요. 반면에 영화 속 '아이언맨'처럼 군사적으로 이용될 수도 있어요. 무인 자동차가 일반화되면 여러 가지로 편리하겠지만, 그에 따른 쟁점도 늘어날 거예요. 어떻게 코딩하느냐에 따라 외부의 사람을 보호할지, 운전자를 보호할지가 정해져요.

결국 중요한 건 상업화가 아니라 우리가 어떤 것에 도달하느냐예요. 그에 대한 사회적 고민과 토론도 뒤따라야 해요. 그리고 조금 천천히 가야 해요. 너무 빠르니까 부작용이 생기는 것 같아요.

사람이 하는 예술은 공업화나 산업화가 될 수 없어요. 그러니까 사회적 파워도 약해진 거죠. 인공지능 알파고로 세상이 떠들썩할 때 신문에서 미래에 사라질 직업 이야기를 많이 다루었어요. 그런데 미래에 가장 많이 살아남을 직업이 다 예술이에요. 기계나 로봇으로 대체할 수 있는 산업화된 직업은 사라지고 사진가를 비롯한 예술 직업군은 사라지지 않을 거라고 예상한 거예요.

예술가는 가난해야 되고, 참아야 되고, 현실적이면 안 되고, 돈을 밝히면 안 된다는 건 아주 비현실적인 거죠. 우리가 자주 이렇게 말하잖아요.

'쟤는 진짜 수업 시간에 잘 자. 이건 예술이야.'

'아무리 떠들어도 잘 자. 이건 예술이야.'

'쟤는 물을 엄청 잘 먹는데 한번에 2리터를 먹어. 정말 예술이다.'

예술은 특별한 무엇이고, 평범하지 않고, 일상이 아닌 거죠. 그렇게 예술이란 것을 우리의 삶과 분리시키면서 특별한 것으로 만들어온 지난 몇백 년간의 근대화 과정이었죠.

현대 예술의 가장 큰 특징이 뭘까요? 평론가도 이해하지 못하는 거잖아요. 요즘은 그림 그리는 사람이 과거처럼 페인터가 아니잖아요. 개념미술을 하잖아요. 예술영화의 특징이 뭐예요? 난해한 거잖아요. 할리우드 영화나 상업영화와 다르게 예술영화는 영화광이거나 〈씨네21〉을 읽지 않으면 잘 이해하기 힘들어요. 그렇게 일상으로부터 멀어졌죠.

사람들은 미대, 음대를 나와야 예술을 한다고 생각해요. 그런데 예술이 일상에서 너무 멀어지니까 사람들이 예술의 쓸모가 무엇이냐고 물어보기 시작하는 거죠.

'예술, 왜 해야 돼?'

'예술이 뭐야?'

요즘은 많은 예술가가 사회문제를 해결하거나 우리 일상으로 돌아오고 있어요. 생활예술이 유행하고 '누구나 할 수 있다', '당신도 예술가다'라고 생각하는 거죠. 이런 것들이 성찰이에요. 예술이 발달했는데 우리의 삶은 왜 하나도 바뀌지 않을까요? 열심히 공부해서 서른다섯 살에 박사학위를 받았는데, 아주 기본적인 집안일도 할 줄 모르고 농사도 지을 줄 모른다면 그것이 다 무슨 소용일까요?

예술도 마찬가지예요. 예술을 엄청나게 소비했는데도 실제 내 삶에 변화를 주지 못했기 때문에 예술이 생활로 돌아오기 시작한 거죠. 예술을 둘러싼 사회변동이 많아요. 커뮤니티 아트처럼 프로와 아마추어, 이런 개념 자체를 해체하는 거죠. 그리고 여러 집단이 참여해서 만드는 예술을 많이 하죠.

지금 서울이나 한국 사회만 놓고 보면 기존의 예술도 있지만, 주로 예술이 가장 많이 이용되는 것이 도시 재생입니다. 벽화부터 시작해서 커뮤니티 아트, 그리고 농어촌까지 활성화시키는 거예요. 지금 이런 작업을 예술로 하죠. 생활로 돌아오는 예술을 합니다. 그런 과정에서 예술노동 이야기가 화두로 떠오르기 시작했죠.

계산할 수 없는 가치

앞서 얘기한 것처럼 현대 자본주의 사회에서는 많은 예술이 이용되고 있어요. 도시 재생뿐만 아니라 학원 폭력 문제까지 해결하는 문화 예술도 있어요. 교육에도 예술이 들어가고, 올림픽같이 큰 이벤트를 할 때도 동원되죠. 그런데 예술은 근대화 과정에서 산업화되지 않았기 때문에 굉장히 많은 노동 착취가 발생해요. 게다가 그것을 덮어버리는 이데올로기는 너무 세고요. 이를테면 '예술가는 가난해야 돼'와 같은 이데올로기예요.

또 하나의 문제는 예술노동에 대한 임금을 책정하기 어렵다는 거예요. 예를 들어 강의실을 만들 때 전문 업체가 맡으면 예산이 쉽게 나와요. 의자 한 개당 10만 원이라면, 그 개수를 곱하면 알 수 있잖아요. 그런데 예술가에게 맡기면 어떻게 될까요? 노동량, 물질 노동 같은 것과 달리 예술 같은 비물질 노동은 계산하기 어려워요.

우리가 흔히 당연하게 생각하지만, 교수든 강사든 지식인들도 시간당 임금을 계산하려면 간단하지 않잖아요. 왜냐하면 그 시간 동안만 노동하는 게 아니니까요. 강의를 하려면 관련 자료도 조사하고, 이것저것 미리 준비를 해야 하잖아요. 시간당 노동을 하는 게 아닌 예술가는 더 복잡하죠. 계측하기 어려우니까 노동 착취가 심해지죠. 무용가가 춤추고 갔는데, 그것을 어떻게 계산해야 할까요?

예술가에게 우리 마을에는 노인들밖에 없으니까 직접 찾아와서 그림도 그려주고 공연도 해달라고 부탁하는데, 그 대가를 지불하거나 임금을 계산하기가 어려워요. 그런 것들에 대한 사회적 합의가 너무 없는 거죠. 그러다 보니 그냥 '예술은 좋은 거니까, 해주면 좋은 거 아니야?'라고 생각해요.

예를 들어 단체들이 집회를 할 때 음향 설비를 갖추거나 참석자들을 위해 도시락을 주문하려면 돈을 지불하잖아요. 그런데 공연을 하거나 예술가들의 퍼포먼스를 진행하려면 계산하기가 어려워져요. 그냥 '한번 도와주세요'라고 부탁하거나 '거기에 돈을 지불해야 하나?'라고 의아해하는 거죠.

그나마 예술가는 나은 편이에요. 기획자는 어떻게 해야 할까요? 노래든 춤이든 그림이든 예술가는 조금이라도 물질성이 있지만, 처음에 아이디어를 내고 기획한 사람은 그런 것조차 없어요. 영화 같은 경우 대중문화 산업이고 대중적인 매체인데, 거기서 일하는 스태프 노동자들은 굉장히 어려운 조건에 놓여 있는 것이죠.

예술노동의 화두

예술노동을 보면 몇 가지 특징이 있어요. 그중 하나는, 예술가들은 다른 직업처럼 한 직장에 머무르는 게 아니라 여러 형태의 일을 합니다. 예술노동만으로는 먹고살기 힘드니까요. 예를 들면 홍대 앞 밴드의 멤버들은 모두 자기 직업을 가지고 있죠. 농담처럼 우리가 홍대 신에서 활동하는 많은 밴드가 사실은 직장인 밴드라고 얘기해요. 음악에 전업할 수 없는 거예요.

여러 형태의 노동을 하는 예술가들을 가리켜 보통 프리랜서라고 말합니다. 자유노동. 그런데 프리랜서는 결국 스스로 선택한 비정규직이에요. 우리가 노동을 많이 하는 게 좋은 사회는 아니잖아요. 노동시간을 단축하고 자유롭게 일하면 좋은데, 그럴수록 먹고살기가 힘들어지고 삶의 질이 낮아지는 게 문제죠. 일하는 시간이 줄어들고 북유럽처럼 노동시간당 수입이 많으면 문제가 되지 않겠죠. 특히 요즘은 하루에 네다섯 시간 동안 선택적으로 일하고 300만 원을 받는 것이 오전 9시부터 오후 6시까지 일하고 400만 원을 받는 것보다 낫다고 생각할 거예요. 하지만 자본주의 사회에서 그런 직업은 없어요. 대단한 전문성을 갖고 있는 극소수의 사람들을 제외하고는요.

두 번째로는 고용의 유연성이 높아요. 예술가들은 책상 앞에 앉아서 일하는 방식이 아니에요. 의뢰인이 '뭐 디자인해주세요' 하면 디자이너가 사무실로 출근해서 일정 시간 동안 작업하는 게 아니라 스스로 시간을 선택해서 일하는 거죠. 그만큼 유연성이 높고, 대부분의 일이 프로젝트예요. 상주하면서 임금을 받고 고용된 사람이 아니라 어떤 것을 만들든 프로젝트로 움직인다는 거죠. 단발성, 휘발성 같은 게 있다 보니 늘 고용 상태가 불안정해요.

경쟁도 심해지죠. 예술노동이 중요한 화두가 되는 이유 중 하나는 대부분의 사람들이 공장에 가서 일하기보다는 크리에이티브한 일을 하고 싶어 하기 때문입니다. 이것은 사회가 발달할수록 당연히 나타나는 현상이에요.

이주노동이라는 것이 왜 생겼을까요? 우리가 그 일을 하기 싫어하기 때문이에요. 프랑스에서 흑인들이 대거 유입된 건 테제베, 즉 고속철도를 공사할 때였어요. 소득수준이 높은 프랑스 시민들 중에 임금도 높지 않은 철도 공사에 뛰어들 사람은 많지 않았어요. 그러다 보니 이주노동이 늘어날 수밖에 없었죠. 우리가 하기 싫은 노동은 대부분 이주노동자들의 몫이에요. 그런 노동이 혐오의 대상이거나 배제되기도 하고요.

요즘 의과대학의 꽃은 피부과이지만, 예전에는 뇌나 심장을 다루는 외과였어요. 신문사도 마찬가지예요. 예전에는 사회부 기자를 선호했지만 지금은 그렇지 않아요. 왜일까요? 힘들고 어려운 물질 노동을 하기 싫은 거예요. 실제로 유럽의 경우 인기 없는 직업군에 의사가 포함되어 있어요.

옛날에는 예술대학생들에게만 맡겼는데 지금은 다른 사람들도 문화적 기획 출판이든 디자인이든 커뮤니케이션 미디어든, 예술 관련 일을 많이 해요. 이렇게 되면 경쟁이 치열해집니다. 자본 입장에서 선택할 수 있으니까요. 예를 들어 사진가를 생각해봅시다. 옛날에는 사진가가 되려면 사진과를 나와야 했지만 지금은 그렇지 않아요. 웬만한 건 좋은 DSLR을 쓰면 되잖아요. 공급 경쟁이 엄청나게 심해지는 거죠.

예술노동에 대해 얘기하다 보면 흔히 '열정페이'를 떠올리게 되는데, 엄밀히 말하면 노동 착취의 형태이기도 하지요. 예술가와 똑같이 열정 또한 임금으로 환산될 수 없어요. 따라서 저는 맥락이 중요하다고 생각합니다. 동반 성장하는 환경에서 관계를 맺을 수 있는지, 커뮤니티를 만들거나 자신의 꿈을 키울 수 있는지, 서로의 가치적 지향점 안에서 이루어진 합의 관계인지를 살펴봐야 해요.

열정의 관계에서도 임금으로 환산되지 않는 가치들이 있다고 생각해요. 그 맥락과 구조는 조금씩 다르죠. 저는 노동, 학습, 교육, 재생산, 돌봄 등과 같은 것들이 하나의 생태계로 순환되는 게 가장 이상적인 사회관계인 것 같아요.

예술노동은 소득 불평등과 빈곤도 심해요. 아주 멋있을 것 같은 예술가가 대부분은 극빈층이에요. 한국에서 음대나 미대를 나온 사람들을 보면 수입이 거의 없는 경우가 많죠.

우리나라에서도 최근 들어 예술 작품의 저작권에 대한 관심이 높아지고 있는데, 정말 간단하지 않은 문제입니다. 문화연대나 제가 하는 대부분의 일들은 보편적 권리나 공공성과 관련되어 있어요. 저작권의 정당한 가치가 보장되어야 한다는 데는 동의하지만 조금 더 고민해야 할 부분이 있어요.

저작권의 역사를 돌아보면, 처음에는 지금과 같은 배타적 저작권이 아니었어요. 유럽에서 저작권이 왜 만들어졌을까요? 기술을 갖고 있는 사람들이 자신의 권력이 줄어들까 봐 기술을 사회적으로 내놓지 않으니까요. 하지만 산업화하려면 기술력이 높아져야 하니까 그에 따른 보상을 해준 게 저작권이었어요.

저작권은 원래 개인의 경제적 이익을 보장하려는 게 아니라 개인이 갖고 있는 능력을 좀 더 사회적으로 확산하기 위해서 만들어졌어요. 그래서 외국의 저작권법에는 공정 이용 조항이 있어요. 그런데 자본주의가 발전하는 과정에서 저작권이 황금알을 낳는 거위가 되다 보니까 배타적 저작권이 늘어나게 된 거죠.

저는 배다적 저작권에 대해 비판적인 입장입니다. 지금 우리는 기존의 플랫폼들을 모두 잃어버렸어요. 몇몇 대기업 모바일이 그 자리를 독점하고 있죠. 정책적으로 본다면, 한국에는 생태계적인 저작권 개념이 없어요. 농수산물처럼 중간유통업자의 배만 불리고 있는 시스템이에요. 많은 플랫폼이 있어야 되고, 그 플랫폼들에 이윤이 돌아가야 되고, 특히 창작자한테 돌아가야 되고, 더 많은 이용자가 좋은 조건에서 문화 콘텐츠를 다룰 수 있는 인프라에 들어가야 되고, 그다음에 유통하는 사람들이 적당한 이윤을 남겨야 돼요.

사회의 미학화, 미학의 사회화

열악한 상황임에도 예술노동 형태가 유지되는 이유 중 하나는 스타덤 같은 거예요. 스타만 되면 모든 게 해결되니까 어떤 악순환이 있더라도 참는 거예요. 하지만 기대 효과에 비해 확률적으로는 엄청나게 낮아요.

실제로 지금 비정규직이나 불안정 노동이 가장 심한 곳은 문화 예술 분야예요. 예술가는 어느 날 갑자기 나타나는 게 아니라 많은 사회적 학습을 통해서 등장해요. 그럼에도 예술가 개인의 능력이나 창의성으로 설명하는 것도 이데올로기죠.

예술적 감수성은 어린 시절부터 삶의 공간에서 성장하는 거예요. 지금은 예술가들의 생가를 관광지로 많이 만들어놓았어요. 그런데 예술가의 생가가 왜 중요할까요? 만약 화가라면 어렸을 때 자기 동네부터 그렸을 거예요. 그런 과정과 역사가 있기 때문에 그 생가가 중요한 거예요. 그런데 우리처럼 아파트 단지로 개발한 다음 나중에 터만 매입해서 '이곳은 누구의 생가다' 하면 사람들이 찾아가도 볼 게 없죠.

우리의 삶에서 동네나 마을 속의 관계, 그러한 것들을 들여다보고 과정을 기록하는 것이 무엇보다 중요합니다. 이제는 우리가 예술이나 예술노동을 조금은 보편적이고 일상적인 측면에서 봐야 하지 않을까요?

기술이 발달하면서 '사회의 미학화', '미학의 사회화'라고 표현할 수 있는 현상이 많이 생깁니다. 일반적인 사회에서 미학적·예술적 가치를 많이 사용한다는 거예요. 예전에 비해 기술이 발달하니까 몇몇만 쓰던 걸 우리도 쓸 수 있게 된 거예요. 그 대표적인 예가 핸드폰이에요. 과거에는 동영상을 찍으려면 전문가를 불러와야 했지만 이젠 누구나 찍을 수 있지요.

미학의 사회화는 지금도 그렇지만 앞으로도 우리의 삶이 훨씬 더 예술과 관련된 접점이 많아진다는 거예요. 예술가만이 아니라 일반인의 모든 예술적 행위가 취미나 여가 수준이 아니라 자기 삶의 가치를 만들고 사회를 바꾸는 거예요. 그 과정에서 예술이라는 걸 찾는 거죠.

예술가들의 고민은 '왜 내 작품을 이해하지 못할까', '왜 나를 인정하지 않을까' 하는 거죠. 그러면 일단 유명해져라, 유명해지면 뭘 하든 이해되고 보상받을 거라는 시스템이죠. 하지만 이렇게 생활 안에서 예술이 소중한 사람들에겐 예술의 역할과 기능을 계속 성찰하고 돌아보는 것이 더 중요한 것이죠. 그래야만 아주 일상적이고 평범한 공간에서 예술의 생태계가 만들어져요.

정말로 피할 수 없는 운명일까

이정모

이정모

서울시립과학관 관장. 독일 본 대학교에서 박사과정을 수료한 후 안양대학교 교양학부 교수와 서대문자연사박물관 관장을 지냈다. 과학 지식의 대중화를 위해 책을 쓰고 강연을 다니고 있다. 지은 책으로 『달력과 권력』, 『공생 멸종 진화』 등이 있다.

○○○

　저는 서울시립과학관 관장 이정모입니다. 생화학을 공부했고 서대문자연사박물관 관장을 역임하다가 지금은 서울시립과학관 관장을 맡고 있습니다.

　현재 우리나라에는 열 개의 공립 자연사박물관이 있습니다. 그곳에 근무하는 과학자가 몇 명이나 될까요? 이렇게 질문하면 보통 생물학 교수님들은 200~300명이라고 대답합니다. 하지만 현실적으로 그 정도의 인건비를 감당할 수가 없어요. 그래서 다시 질문하면 80~130명이라고 대답합니다. 사실 열 곳에 100명, 한 곳에 열 명 정도면 예산으로 충분히 감당할 수 있다고 생각합니다. 그런데 2015년 말까지 열 개의 자연사박물관에 근무하는 과학자는 겨우 열 명뿐이었습니다. 더 놀라운 일도 있습니다. 그중 여섯 명이 서대문자연사박물관에서 근무했어요. 나머지 아홉 곳에 네 명이 있는데, 다섯 곳에는 한 명도 없어요. 2016년에 한 명을 더 뽑아 이제 열한 명이 되었습니다.

　외국 자연사박물관에서 서대문자연사박물관으로 답사를

오면 몇 가지를 보고 놀랍니다. 첫 번째는 대한민국 대표 자연사박물관 치고는 너무 작다는 것에 놀라고, 두 번째로는 규모에 비해 아주 조밀하게 잘 전시되어 있다는 것에 놀랍니다. 스미스소니언이나 런던 자연사박물관을 다 보려면 1주일도 더 걸려요. 1주일 동안 보고도 기억나지 않는 것이 있을 정도로 그 규모가 상당합니다. 그런데 서대문자연사박물관은 두 시간이면 다 볼 수 있다는 장점을 가지고 있어요. 그 두 시간 동안 자연사에 대한 절대개념을 잡을 수 있다는 점에서 전시 구성이 좋다는 평가를 받는 것이죠.

멸종은 진화의 전제이다

아마도 '멸종'이라는 말을 듣고 '야! 신난다!', '정말 멋진데?', '너무나 아름다운 말이야', '희열을 느껴'라고 생각하는 사람은 많지 않을 거예요. 그런데 멸종은 그다지 나쁜 일이 아닙니다.

오파비니아라는 동물은 눈이 다섯 개가 달렸어요. 그러니까 살기 힘들었겠죠. 사람은 두 개의 눈으로 초점거리를 맞추는데, 오파비니아는 다섯 개의 눈으로 사물을 바라보기 때문에 사방에서 들어옵니다. 따라서 시력은 별로 안 좋았을 거예요. 시력이 좋다면 정보를 처리하느라 에너지를 다 써야 할 테니까요.

오파비니아가 살던 바다는 지금의 바다와 아주 달랐습니다. 그 바다에서는 현재의 물고기들이 살 수가 없었죠. 이미 다른 생명들이 바다를 차지하고 있었어요. 지금은 그 생명체들이 살아남아 있지 않지만, 그 생명체에서 진화한 다른 생명체들이 바닷속에 있는 것이죠. 종속과목강문계®에서 일단 생물들의 설계도는 마련되었습니다. 동물의 설계도는 지금까지 38개가 등장했는데, 그중 한 개가 사라졌어요. 그게 바로 오파비니아입니다. 오파비니아는 어떤 종으로도 진화하지 못했어요. 만약 이 동물이 멸종하지 않았다면 현재 생명체들은 어땠을까요? 눈이 다섯 개에 코끼리 코같이 생긴 기다란 신체 끝에 주둥이가 달린 동물들이 산과 바다에 가득 차 있을 것입니다.

피카이아라는 동물은 다행히 후손을 많이 남겼습니다. 그중

●생물을 분류하는 분류체계를 뜻하며 분류의 크기 순서는 '계문강목과속종'이다. 계界는 동물계와 식물계로 나누는 대분류다. 문門은 동물의 배엽 형성이나 식물의 엽록소 내용, 핵의 독립성 등의 요소로 구별하는데 척추동물, 연체동물, 절지동물 등으로 구분한다. 강綱은 문보다 세세한 분류를 의미한다. 목目은 '~류'라는 식으로 분류하는데 영장목, 고래목, 식육목 등으로 나뉜다. 과科는 닮은 형태를 통해 분류하는데 개과, 고양이과 등을 말한다. 속屬은 보통 우리가 알고 있는 생물의 이름이다. 종種은 같은 속의 생물을 특정 기준에 따라 분류·발견하여 붙이는 학명으로, 발견한 사람의 이름에서 따오는 경우가 많다.

하나가 인간이에요. 이 동물은 모든 척추동물의 조상입니다. 어류, 양서류, 조류, 포유류, 그리고 인간의 조상인 거죠. 만약 피카이아가 사라지고 오파비니아가 살아남았다면 현재 우리는 전혀 다른 모습이었을 것입니다. 우리는 오파비니아가 사라졌다고 해서 슬퍼해야 하나요? 생명들 중에 한 문이 사라졌어요. 하지만 우리는 그것에 대해 전혀 슬퍼하거나 아쉬워하지 않아요. 오파비니아가 없어졌다고 해서 우리가 아쉬울 게 없기 때문이에요. 이 생명체들이 자리를 비켜줬기 때문에 다른 생명이, 바로 현재의 우리가 태어날 수 있었던 거예요.

트리케라톱스라고, 뿔이 세 개 달린 공룡이 있습니다. 만약 트리케라톱스가 6,600만 년 전에 멸종하지 않고 살아 있었다면 어땠을까요? 트리케라톱스가 우리에게 젖을 먹여줄까요? 우유를 짜줄까요? 이 생명체가 지금까지 살아 있다고 해도 우리에게 젖을 내주지는 않았을 겁니다. 오히려 이들이 살아 있었다면 젖소가 생길 틈새가 없었겠죠. 트리케라톱스가 사라졌기 때문에 젖소가 생겨나서 오늘날과 같이 우리에게 우유를 줄 수 있었던 것이죠.

고등학교 미술책에 마네의 「풀밭에서의 식사」라는 그림이 나옵니다. 만약 지금까지 공룡이 살아 있었다면 그런 감성적인 그림을 그릴 수 있었을까요? 없었을 겁니다. 혹자는 공룡이 살아남아 오늘날까지 진화했다면 인간이 아닌 동물 역시 감성적인 그림을 그릴 수도 있지 않느냐고 물어볼 수도 있겠지만, 이는 결단코 아닙니다. 돼지가 오랜 세월을 살아왔다고 해서 현재 이러한 감성적인 작품을 그리고 있나요? 아니죠. 똑똑하다고 일컫는 침팬지나 오랑우탄도 인간처럼 그림을 그리지 못합니다. 그렇기 때문에 이는 인간만이 할 수 있는 일인 것이죠.

멸종이라는 것은 생태계에서 틈새를 만들어주는 겁니다. 그러니까 슬픈 일이 아니라는 거죠. '나'만 멸종하지 않으면 되는 거예요. 어떤 빈자리가 생기면 다른 종이 나타나 메꿔줍니다. 멸종이라는 것은 자연이 계속 변하고 있는 과정에서 필연적으로 나타나는 현상이죠. 즉 멸종으로 인해 틈새가 생기면 다른 생명이 나타나 그 빈자리를 채우는 현상을 '진화'라고 하는 것입니다.

지금 살고 있는 생물의 종은 총 1억 종쯤 됩니다. 지구에 생명체가 등장한 지 6억 년 정도 되었는데, 그동안 살아온 생명은 100억 종쯤으로 추측합니다. 그렇다면 99퍼센트가 이미 멸종했다는 이야기죠. 현재는 남은 1퍼센트만 살아 있습니다. 우리가 한 종, 두 종의 생명이 사라질 때마다 슬퍼한다면 우리는 99억 번을 슬퍼해야 해요. 그러므로 멸종은 슬퍼할 일이 아닌 거죠.

대멸종으로 가는 길

한 나무에서 여러 종의 새가 살 수 있는 것은 각 종마다 둥지를 짓는 시기와 장소, 방법, 그리고 알을 낳는 시기가 모두 다르기 때문입니다. 갯벌에 가면 동시에 수많은 종류의 새들이 날아와 둥지를 틉니다. 이들은 각기 다른 틈새에서 살기 때문에 공존할 수 있는 것입니다. 이를테면 홍학은 목과 다리가 기니까 수심이 조금 깊은 곳에서 갑각류를 잡아먹습니다. 그에 비해 오리는 목이 길지만 다리가 짧아서 수심이 얕은 곳에서 먹이를 잡아먹습니다. 이와 같이 각기 다른 생김새로 인해 다른 틈새를 가지면서 서로 다른 먹이를 먹고, 다른 방식으로 알을 낳고, 다른 방식으로 집을 지으며 공존하는 것입니다.

이런 틈새들이 모여서 만들어진 것을 먹이사슬이라고 합니다. 먹이사슬은 썩 좋은 단어가 아닙니다. 사슬은 대개 직선적으로 만들어지잖아요. 스몰마우스 배스Smallmouth Bass가 롱이어 선피시Longear Sunfish를 먹고, 롱이어 선피시가 아쿠아틱 인섹트 라르바Aquatic Insect Larvae를 먹고, 아쿠아틱 인섹트 라르바가 주플랑크톤Zooplankton을 먹는 구조를 보면 단순한 직선이 아니라 복잡한 구조로 얽혀 있죠. 그러므로 먹이사슬보다는 먹이그물이 더 적합한 용어입니다.

이 복잡한 먹이그물에서 하나의 종이 멸종되어버렸습니다.

그럼 생태계는 어떻게 될까요? 붕괴될까요? 그렇지 않습니다. 아무 일도 일어나지 않아요. 상위 포식자는 다른 종을 먹으면 되거든요. 그렇기 때문에 먹이그물 내에서 한 종이 멸종되어도 생태계에는 아무런 문제가 발생하지 않는 것이죠. 그리고 멸종한 종의 틈새는 다시 채워집니다. 다른 동물이 이주해오거나, 그중에 어떤 종이 새로운 생명으로 진화해서 그 자리를 채우게 되죠.

하지만 한두 종이 아니라 여러 종이 사라진다면 이야기가 달라집니다. 먹이그물 내에서 어떤 층 전체가 사라진다고 가정해봅시다. 그 종의 상위 포식자들은 먹고살 게 없어지겠죠. 상위 포식자들은 멸종합니다. 그리고 사라진 종의 하위 층은 자신을 잡아먹을 포식자가 없으니까 기고만장해서 숫자를 점점 늘리겠죠. 그러다 보면 자신의 하위 층에 있는 먹이를 다 잡아먹습니다. 멸종된 층의 하위 층도 사라질 수밖에 없어요. 그리고 결국은 자기 또한 먹을 게 없어집니다. 기고만장했던 이들도 결국은 멸종하게 되는 것이죠. 이러한 것을 '대멸종'이라고 합니다.

멸종은 저절로 일어나는 현상입니다. 슬퍼할 일이 아닐 뿐더러 오히려 멸종 덕분에 우리가 생겨났습니다. 어떤 종이 천천히 멸종할 때에는 누군가가 그 자리를 채웁니다. 그런데 멸종의 속도가 엄청나게 빠르다면 어떻게 될까요?

1860년대에 산업화 사회로 들어서면서 멸종의 속도가 급격하게 빨라집니다. 새로운 생명이 그 자리를 채울 수 있는 시간을 주지 못하고 있습니다. 생명이 나타난 이후로 지금까지 다섯 번의 대멸종이 있었습니다. 그 패턴이 일정했는데, 온도가 5~6도 급격히 오르거나 떨어졌습니다. 대기의 산성도가 높아지고 산소 농도는 떨어졌습니다.

　그런데 앞으로 다가올 여섯 번째 대멸종은 지금까지의 대멸종 패턴과 전혀 다른 양상을 띕니다. 우리나라는 1985년 대기의 산성노가 가상 나빴습니다. 86아시안게임과 88올림픽을 개최하면서 유럽보다 먼저 유연휘발유를 금지시켰고, 이를 통해 공기의 질을 높였습니다. 비를 맞으면 머리가 빠진다는 말은 옛말이 된 지 오래입니다. 산소의 농도는 21퍼센트로 변화가 없습니다.

　온도는 얼마나 올랐을까요? 최근 150년 동안 지구온난화로 지구의 평균온도가 0.85도 올랐습니다. 0.85도는 5~6도씩 오른 건 아니잖아요. 대멸종과는 전혀 상관없는 변화 수치인 거죠. 그냥 '대구에서 키우던 사과를 이제는 파주에서도 키울 수 있다' 정도예요. 그러니까 북방한계선, 남방한계선이 바뀌는 정도이지 멸종과는 전혀 상관없는 이야기죠.

　2015년 말에 박근혜 대통령이 기후정상회의에 참석했습니다. 그때 합의한 것이 지구의 온도 상승을 2도에서 막겠다는 것이었어요. 2도를 넘기지 않기 위해 이러이러한 규제를 해야 된다는 것이 회의의 쟁점이었죠.

그런데 왜 2도에서 막아야 할까요? 지구의 평균온도가 2도 올라가버리면 사방에 산불이 나는 겁니다. 자연 발생적인 산불이 나는 거예요. 그 불은 지구의 온도를 계속 상승시키는 역할을 하죠. 산불 때문에 지구의 온도 상승을 인간이 감당하지 못하게 되는 거죠. 산불이 지속적으로 번지면 지구는 이산화탄소의 농도가 높아지고 온실효과가 점점 커지는 겁니다.

시민단체들은 1.5도에서 막자고 주장하며 시위를 했어요. '2도가 한계다, 2도에서 막지 못하면 우린 망하는 건데 2도에서 막으면 어떻게 하느냐, 2도에서 실패했을 때 우리는 다 죽는 거다, 1.5도에서 막자'라는 거였어요. 그런데 벌써 0.85도가 올라가버렸잖아요. 이제 0.4~0.5도밖에 안 남은 겁니다. 지금 상황에서 1.5도, 2도가 넘어가는 순간 온도는 저절로 올라가게 되고 우리는 대멸종을 피할 수 없게 되는 것이죠.

대멸종된다는 것은 우리가 후손을 남기지 못한다는 거예요. 지구에는 모든 동물의 수컷 중 96퍼센트가 암컷 옆에도 가보지 못하고 생을 마감합니다. 짝짓기도 못해보고 죽는다는 말이에요. 그런데 사람들은 대부분 짝짓기에 성공합니다. 다른 생명으로 태어났으면 짝짓기를 못했는데, 어떻게 보면 우리는 자기 유전자를 남길 수 있는 기회를 가진 거죠.

문제는 인류가 너무 많다는 거예요. 요즘은 사람 때문에 죽는다고 해서 인류사死라는 말도 생겼어요. 한국에만 5,000만 명이 있어요. 가로, 세로, 높이가 2킬로미터인 상자 안에 가득 채울 만큼 많다는 거예요. 그뿐만 아니라 개미나 지렁이도 그렇게나 많아요. 그렇다고 개미나 지렁이 때문에 우리가 대멸종 위기에 놓였다고는 아무도 얘기하지 않아요. 개미는 1만 2,000종이나 있어요. 똑같은 생물량이지만 개미는 먹이그물에서 차지하는 틈새 수가 1만 2,000개가 있는 거예요. 먹이그물을 아주 조밀하게 만들어놓은 것이지요.

하지만 인류는 딱 한 종류예요. 그만큼 커다란 먹이그물을 차지하고 있는 셈이지요. 사람이 사라지면 그 주변의 먹이그물이 느슨해져버려요. 그래서 하잘것없는 도롱뇽을 지켜야 한다는 것이죠. 본 적도 없는 생명이지만 다양성이 유지되도록 지키자는 것입니다.

여섯 번째 대멸종을 걱정해야 하는 이유는 우리, 즉 인류가 사라질 확률이 높다는 데에 있습니다. 세 번째 대멸종 때는 생명체 중 95퍼센트가 멸종하고 5퍼센트가 살아남았죠. 여섯 번째 대멸종에서 99퍼센트가 멸종되더라도 인류만 살아남을 수 있다면 걱정할 필요가 없지요. 그런데 다섯 번째 대멸종까지 최고 포식자가 반드시 멸종했다는 것입니다. 그렇다면 현재의 최고 포식자는 어떤 생명체입니까?

인류의 역사

지구의 역사 46억 년을 1년에 비유할 때 인류의 조상이 처음 등장한 시각은 1년의 마지막 날입니다. 지금으로부터 약 700만 년 전 인류는 침팬지와 갈라서게 됩니다. 그게 오전 10시이고, 오후 4시가 되었을 때 직립보행을 합니다. 밤 11시 40분경에 호모 사피엔스가 등장했고, 11시 50분경에 호모 사피엔스가 아프리카를 탈출하고 5분 만에 모든 인류를 대체하게 됩니다. 그리고 자정에 우리가 이렇게 만나고 있는 겁니다. 생명의 역사를 1년으로 비유했을 때 호모 사피엔스의 역사는 20분이었고, 호모 사피엔스 혼자 단일 종으로 지구를 지배한 것은 단 5분밖에 되지 않습니다.

사람은 '사람'이 되기까지 긴 여정을 거쳤습니다. 영장류에서 사람이 될 때 가장 중요했던 사건은 나무에서 내려오는 것이었습니다. 나무에서 내려와야 우리의 구조가 바뀌기 때문입니다. '나무에서 내려오는 것이 뭐가 대단하다고 그러느냐?'라고 생각할지도 모릅니다. 하지만 오랑우탄은 아직도 나무에서 내려오지 못합니다. 오랑우탄은 침팬지와 사람이 모두 나무에서 내려와 살고 있는 것을 보고 있으면서도 현재까지 내려오지 못하고 있습니다. 그리고 자기 삶의 99퍼센트 이상을 나무에서 버팁니다.

사람과 침팬지의 DNA는 98.8퍼센트가 똑같습니다. 1.2퍼센트밖에 차이가 나지 않습니다. 이것은 침팬지의 유전자와 우리의 유전자가 거의 같다는 것을 의미합니다. 진화라는 것은 새로운 유전자를 만들어내는 것이 아니라 똑같은 유전자에서 어떤 유전자의 스위치를 올리고 내리느냐의 차이를 말하는 것이지요.

DNA는 약 30억 개의 염기쌍을 갖고 있습니다. 침팬지와 사람의 차이는 3,600만 개입니다. 1년에 2.5개 정도의 돌연변이가 생기면 되는 거였어요. 사람들은 모두 평균 500개 정도의 돌연변이를 가지고 있습니다. 그렇다면 1년에 2.5개만 변해도 침팬지와 갈라설 수 있는데, 700만 년이면 침팬지와 사람이 갈라서고도 충분한 시간이었습니다. 열 번은 바뀔 수 있는 시간이 있다는 겁니다.

뇌의 성장 과정

지금으로부터 약 500만 년 전에 인류의 조상인 오스트랄로피테쿠스가 나옵니다. 약 250만~280만 년 전에 호모 하빌리스가 지구에 등장했고 약 150만 년 전에 호모 에렉투스는 불을 사용하기 시작했습니다. 그리고 마지막으로 호모 사피엔스, 호모 플로레시엔시스, 네안데르탈인은 이 지구상에서 함께 살아갔습니다. 호모 플로레시엔시스는 우리가 학교에 다닐 때는 몰랐던 새로운 종입니다.

오스트랄로피테쿠스에서 호모 사피엔스로 넘어오면서 비스듬하던 머리 각도가 점점 서게 되는데, 턱이 들어가는 게 아니라 이마가 튀어나오게 되는 것입니다. 그것은 곧 뇌가 점점 커진다는 것을 의미합니다.

아르디피테쿠스는 머리부터 발끝까지 모두 발견되었습니다. 이빨 하나, 뼈 하나만 발견되어도 새로운 종인지 아닌지를 알 수 있는데 이렇게 많은 뼈가 발견되었다는 것은 정말 놀라운 일입니다. 아르디피테쿠스는 앞 발가락이 갈라져 있었는데, 무언가를 잡을 수 있다는 의미입니다. 아르디피테쿠스는 나무에서 충분히 살았습니다. 그런데 나무에서 내려오니까 발가락, 골반, 등뼈, 머리까지 바뀌게 됩니다. 뇌도 점점 커지는데, 그렇게 되려면 발가락, 다리, 골반, 등뼈, 머리뼈 등이 변형되는 과정을 거쳐야 했습니다.

뇌와 척추를 연결하는 구멍이 대후두공입니다. 해부학적으로 두뇌는 커질 수 없어요. 두뇌가 커지면 목이 부러지게 됩니다. 그런데 인류가 발전하면서 대후두공이 점점 더 안쪽으로 들어가게 됩니다. 호모 사피엔스는 한가운데에 구멍이 있습니다. 두개골이 있으면 한가운데를 받치고 있는 겁니다. 뇌가 커져도 목에 부담이 없어집니다. 이처럼 뇌가 커질 수 있는 신체적 구조가 갖춰지면서부터 인류는 변화하기 시작합니다.

불의 사용

인류가 지금까지 살 수 있었던 것은 불을 사용했기 때문입니다. 도구를 사용하는 동물은 매우 많습니다. 동물들도 집단생활을 하고 서로 의사소통을 합니다. 하지만 불을 사용하는 동물은 사람밖에 없습니다. 인류는 불을 사용하면서부터 추운 곳으로 이동할 수 있게 되었습니다. 추운 곳은 병균과 벌레들이 없기 때문에 방한만 된다면 의술이 없던 인류에겐 최적의 생활공간이었겠죠. 그리고 불을 피우면서부터 행동에 제약을 주는 시간대가 사라지게 된 것입니다. 불을 피워 주위를 밝힐 수 있었기 때문에 어둠은 더 이상 인류의 행동을 제약할 수 없게 된 것이죠. 또 주변의 위협으로부터 안전을 보장받을 수 있게 되고 불 주변에 모여 지혜를 주고받는 시간을 갖게 된 것이죠. 그렇게 이야기를 하다 보니 말이 발달하고 언어가 등장하게 되었습니다.

불을 사용하면서 인류는 조리도 할 수 있게 되었습니다. 동물원에 가보면 침팬지나 원숭이는 하루 중 절반가량의 시간 동안 먹을 것을 씹고 있습니다. 야생에 있는 침팬지도 세 시간씩은 무언가를 씹어 먹고 있습니다. 인간은 하루에 얼마나 씹을까요? 우리는 40여 분이 채 되지 않는 시간 동안만 먹을 것을 씹고 있습니다. 40여 분만 씹어도 우리 몸에 필요한 것을 모두 흡수시킬 수 있다는 거예요. 이러한 삶은 불을 이용해 음식을 익혀 먹을 수 있기 때문인 거죠.

자신이 원시인이라고 한번 생각해보세요. 사냥을 해서 어떻게 먹을 건가요? 뜯어서? 옛날에는 돌칼을 만들어 그 살을 생으로 찢어 먹어야 했습니다. 쇠칼도 아니고 돌칼로 하루에 얼마만큼이나 먹을 수 있었을까요? 그 양은 얼마 되지 않습니다. 사자는 어떻게 먹을까요? 사자는 물소나 가젤을 잡으면 먼저 항문을 뚫고 들어갑니다. 내장을 다 먹고 난 후 머리를 부숴 뇌를 먹어요. 정작 고기는 거의 안 먹어요. 잘 소화되지 않거든요. 사람도 마찬가지였습니다. 그런데 불을 사용하면서부터 모든 고기를 먹을 수 있게 되었고 소화도 아주 잘되었습니다.

인류가 고기를 어떻게 구워 먹을 생각을 했냐고요? 산불이 났습니다. 엄마들은 가지 마라고 합니다. 하지만 엄마 몰래 가는 애들이 꼭 있거든요. 그리고 그곳에 가서 불에 타 죽은 쥐나 기타 동물들을 먹어보니까 너무 맛있는 거예요. 그다음부턴 불을 가져와 일상에서 사용했겠죠. 이처럼 불을 사용하게 되었다는 것은 우리의 뇌가 점점 커지게 된다는 것을 의미합니다. 생각을 더욱 확장하게 되었다는 것이죠.

말과 놀이

침팬지는 약 130cc의 뇌를 가지고 태어나요. 몸집이 작은 새끼 침팬지한테는 굉장히 큰 편이죠. 등이 뾰족한 스테고사

우루스라는 공룡은 25인승 버스만 합니다. 그 공룡의 뇌는 호두 한 알만 해요. 한편 사람의 태아는 어른 침팬지 뇌만 한 크기의 뇌를 가지고 태어납니다. 성인은 약 1.4킬로그램의 뇌를 가지고 있습니다. 이렇듯 사람은 다른 동물에 비해 엄청나게 큰 뇌를 갖고 있죠.

네안데르탈인과 호모 사피엔스는 뇌가 커진 이후의 마지막 인종이었습니다. 네안데르탈인은 호모 사피엔스보다 몸집이 작고 뇌가 컸는데, 마지막 빙하기를 버티지 못하고 멸종되었습니다. 호모 사피엔스는 마지막 빙하기를 버텨 현재 우리의 모습으로 살고 있습니다. 여기에는 여러 이유가 있는데, 그중 하나가 인두와 후두 사이의 거리 때문입니다.

아기들은 옹알이를 합니다. 아기들에게 생각이 없기 때문이 아닙니다. 인두와 후두 간의 거리가 짧아 다양하게 발음하지 못하기 때문이죠. 그러다가 대여섯 살이 되면 인두와 후두 간의 거리가 길어지기 때문에 다양한 발음을 하게 됩니다.

인간의 삶은 모두 선대의 어깨에서부터 시작한다고 할 수 있습니다. 중력의 법칙이나 DNA 이중나선에 대해 지금은 고민하지 않잖아요. 이미 옛날에 연구된 것에서부터 시작하는 거예요. DNA가 어떻게 생겼는지 새로 연구하지 않아도 다 알 수 있잖아요. 그런데 네안데르탈인은 인체 구조상 언어가 발달할 수 없었기 때문에 선대에서 내려오는 정보를 받을 수 없었어요. 그래서 항상 바닥부터 다시 시작했던 것이죠. 이것이 두 인류의 큰 차이점이었습니다.

'바늘귀가 있는 바늘을 발명했느냐, 못했느냐'에 의해 두 인류는 운명을 달리합니다. 바늘로 사냥을 할 수 있었을까요? 그럴 일은 없어요. 평상시에 바늘은 쓸모없는 도구였습니다. 그런데 이 쓸모없는 바늘이 어느 날 인류사에서 핵심적인 발명품이 돼요. 갑자기 빙하기가 닥쳤기 때문이죠. 호모 사피엔스는 바늘을 발명해 옷을 지어 입음으로써 노동의 자유를 얻을 수 있었어요. 그런데 네안데르탈인은 바늘귀가 있는 바늘을 발명하지 못했어요. 기껏해야 덮거나 묶어 입는 게 전부였고 옷을 지어 입을 생각을 못했던 겁니다.

호모 사피엔스의 특징 중 하나는 수명이 길다는 것입니다. 그러다 보니 사회화 과정을 계속 반복하는 어린 시절도 길게 보냅니다. 반면에 네안데르탈인은 수명이 짧다 보니 어린 시절이 없었습니다. 그것은 곧 놀 수 있는 시간이 없다는 것입니다. 놀 틈이 없으니까 누구도 독특한 것을 못 만드는 거예요. 바늘 같은 것도 먹고사는 데는 전혀 필요 없잖아요. 그냥 하나의 놀이기구였어요. 어떻게 하다 보니까 그렇게 만들었던 거죠. 그런데 결정적인 순간에 인류가 살아남느냐, 살아남지 못하느냐를 가르는 원인이 되었던 거예요. 원래 어린 시절은 놀면서 사회성과 창의력을 기르는 시기인데, 네안데르탈인에게는 어린 시절이 없었던 거예요.

놀이의 보상과 인류의 삶

논다는 것은 리스크테이킹risk-taking을 하는 것입니다. 위험을 감수하는 거예요. 전 세계의 모든 아이는 철조망, 그물, 밧줄 등과 같은 것이 보이면 무조건 매달리거나 올라가요. 왜 그럴까요? 아무런 목적도 없어요. 꼭대기에 먹을 것이 있지도 않아요. 우리의 천성이 그렇게 되어 있는 거예요. 그것만 가지고도 잘 놀아요. 왜 자신이 철조망을 오르는지도 모르고 노는 거죠. 그러다가 옆에 있는 아이가 뛰어내리면 자기도 뛰어내려요.

이렇게 아이들은 놀면서 근력을 키우고 역량을 높여왔어요. 아무런 이유 없이 높은 곳에서 뛰어내려요. 유럽 아이들뿐만 아니라 북한 아이들도 똑같아요. 돌아가면 되는 길을 굳이 올라갔다가 뛰어내려요. '이건 아닌 것 같은데'라고 생각하면서 뛰어내리는 경우도 있어요. 그런데 높은 곳에서 뛰어내리다가 팔이나 다리가 부러지는 아이가 생겨요. 그런 모습을 보거나 경험하면서 아이들은 '아직 저기까지는 아닌 것 같다'라는 깨달음을 얻어요. 그것이 바로 놀이의 과정이에요.

모든 리스크risk에는 리워드reward가 있어요. 상징적 기호나 동굴벽화, 뼈와 뿔로 만든 섬세한 조각품, 뿔피리, 장신구, 부장품은 호모 사피엔스만 지니고 있었습니다. 그것들은 먹고사는

데 필요 없는 물건입니다. 그런데 빙하기가 닥치자 그러한 것들이 결정적인 역할을 했죠. 종이 살아남느냐, 살아남지 못하느냐의 이유는 둘 간의 차이에서 분명히 존재했던 것입니다.

인간은 살아남아야 한다

인류의 역사에서 앞의 500만 년을 빼고 뒤의 200만 년만으로 따졌을 때도 99.5퍼센트는 구석기시대예요. 그리고 신석기시대는 고작 1만 년밖에 되지 않는데, 지구 입장에서 보면 굉장히 황당한 시기예요. 지구의 나이가 46억 년이고 기원전 1만년 전까지 모든 생명은 지구 환경에 적응해서 살았어요. 그저수동적으로 환경에 맞춰 살아가던 인류가 갑자기 기원전 1만년 전부터 환경을 바꾸는 일이 생긴 거죠. 농사를 짓겠다고 멀쩡한 벌판에다 불을 지르고 다른 곳으로 흐르는 물을 끌어옵니다. 그리고 아주 멀리 떨어져 있는 곳의 돌을 옮겨와 집을 짓고 사는 거죠. 이전과 다른 일이 벌어지니까 지구는 혼란스러워졌어요. 그로 인해 무수히 많은 생명이 죽어나갑니다.

침팬지와 사람이 갈라지는 것이 700만 년인데 그 시간을 1년이라고 한다면, 1월 1일 0시에 침팬지와 사람이 갈라섭니다.

그러고 나서 사람이 처음으로 한 일은 침팬지가 하는 '수렵과 채집'이었어요. 사람은 12월 31일 오전 6시까지 '수렵과 채집'을 합니다. 그 시간 이후로 사람은 농사를 짓고 가축을 기르기 시작하죠. 오후 3시가 되어서야 도시를 만들고 밤 11시 40분이 지나서 산업혁명을 일으켜요. 여섯 번째 대멸종의 시작은 바로 산업혁명부터라고 생각해요. 신석기시대부터 산업혁명 전까지 멸종한 동물보다 산업혁명 이후에 멸종한 동물이 더 많아요. 그래서 지금은 '산업혁명'을 여섯 번째 대멸종의 출발점으로 삼자는 주장이 나오고 있죠.

자동차와 에어컨, 엘리베이터는 제가 가장 좋아하는 인간의 발명품입니다. 이런 것들 없이는 못 살 것 같아요. 제가 석유에 중독되어 있다고 생각할지도 모르지만, 사실 우리의 농산물도 석유에 중독되어 있습니다. 석유로 모든 것을 다 할 수 있습니다.

저는 경기도 고양시에서 고양도시센터의 농업연구회를 만들었어요. 처음에는 50가구가 모였습니다. 고양시 같은 경우에는 사람도 많고 땅도 넓으니까 제대로 한번 농사를 지어보자고 마음먹었습니다. 우리는 약 3,000평 규모의 농사를 짓기 시작했습니다. 50가구가 모이니 130명 정도의 노동력이 갖춰졌습니다. 그런데 우리는 밭 100평도 제대로 갈지 못했어요. 원래 이날 1,000평을 갈고자 했지만 목표의 10퍼센트에도 미치지 못한 셈이죠. 그 후 우리는 밤새도록 진지하게 토론했고,

다음과 같은 결론을 내렸습니다.

'우리는 끝까지 석유를 사용하지 않으려고 했다. 석유를 사용하지 않고 생태농업을 지향하는 것이 우리 모임의 취지이기 때문이다. 그러나 일단은 석유를 쓰자.'

그리고 나서 우리는 기계를 동원했어요. 그러자 하루 만에 3,000평의 땅을 갈 수 있더라고요.

석유가 풍족한 시절, 쿠바는 석유를 마구 가져다 쓸 수 있었어요. 그러다가 소련이 망하자 사용 가능한 석유가 절반으로 줄어들었고, 농업 생산량도 절반으로 줄어들었어요. 이 이야기는 곧 농산물의 생산이 석유와 직결되어 있음을 말해주는 것입니다. 쿠바는 도시농업을 중요시했습니다. 땅만 있으면 모두 농사를 지었어요. 당시에 농부들이 사용할 수 있는 것은 삽과 곡괭이뿐이었는데도 도시의 여자들과 아이까지 농사를 지었어요. 심지어 대학생들도 매 학기 농업 수업을 듣고 실습을 해야만 다음 학년으로 올라갈 수 있었어요.

미국의 버락 오바마 대통령이 '농업은 우리 사회에 막대한 영향을 끼친다'라고 이야기했듯, 저도 농업이 정말 중요하다고 생각합니다. 우리 사회의 석유 사용량은 한계가 있어요. 지금은 석유로 농사를 짓고 있지만, 앞으로도 계속 이렇게 농사를 지을 순 없을 겁니다. 그렇다면 첨단 농법이 도입되어야 합니다. '각자 농사를 짓자'라는 겁니다. 누구에게나 300평의 땅만 마련해주면 각자 먹고살 수 있습니다. 그러면 석유가 많이 필요하지 않습니다.

저는 안양대학교 교수로 재임하던 시절에 1년간 쉰 적이 있습니다. 그러면서 농업기술대학 관련 자격증, 유기농기능사 자격증을 땄어요. 물론 농사를 잘 지을 수 있냐는 물음에 자신 있게 대답할 순 없지만, 언제 어디서 어떻게 농업기술을 사용해야 할지에 대해서는 조금 알 수 있을 것 같아요. 지금 당장 100평의 땅이 주어진다고 농사를 지을 수는 없습니다. 그래서 저는 초중고와 더불어 대학에서 필수과목으로 농업을 가르쳐야 한다고 생각합니다.

영화 「인터스텔라」를 보면 지구는 사막화되어 인간이 더 이상 살 수 없는 곳이 되고 맙니다. 영화 속에서 아빠가 딸에게 "우리는 개인으로서의 우리가 아닌, 종으로서의 우리를 생각해야 한다"라고 말합니다. 한마디로 '딸아, 내가 인간이 새로 둥지를 틀 수 있는 행성을 찾다가 죽을지언정 우주선에 싣고 간 2,000여 개의 인간 수정란을 꼭 부화시켜야 한다'라는 말입니다.

이 영화를 보고 제 물리학 친구들은 눈물을 흘리며 큰 감동을 받았다는데, 저는 영화를 만든 감독이 한심하다는 생각을 했습니다. 이 영화를 자문한 킵슨 박사는 중력파 발견에 기본 아이디어를 제시한 최고의 물리학자입니다. 그러나 생태학 지식이 없는 것처럼 보여요.

　예를 하나 들어볼게요. 산 좋고 물 좋고 공기 좋은 행성을 발견했어요. 이 행성에 인간 수정란 2,000여 개를 푼다면, 과연 태어난 인간들이 잘 살아갈 수 있을까요? 사람이 새로운 행성에 적응하기 위해서는 수만 종의 미생물과 식물과 동물이 같이 존재해야 합니다. 사람만 적응하며 살 수 있는 것이 아니라는 이야기지요. 새로운 행성을 찾아서 인간의 유전자를 부화시킬 만한 기술과 노력이 있다면, 그것을 예전의 지구 환경으로 되돌리는 데에 사용해야 한다고 생각합니다.

　우리는 어떻게 해서든 지구에서 살아남아야 합니다. 지구에 사람이 등장하기 전, 지구의 그 어떤 생명체도 이름을 가져본 적이 없습니다. 호모 사피엔스가 등장하기 전까지 자연은 아름다워질 수도 없었고, 자연이 소중하게 여겨지지도 않았습니다. 풀밭 위의 새들과 육지의 코끼리들이 아름답다고 생각하는 동물은 지구상에 우리 인간밖에 없습니다. 다른 동물들이 볼 때 저 동물들은 단지 좋은 먹잇감에 불과합니다. 1억 년 전에 살았던 공룡들이 우주와 꽃을 아름답다고 생각했을까요? 아마도 아닐 겁니다.

　우리가 살아남아야 할 이유는 우리 자신만을 위한 것이 아닙니다. 인간은 지구의 자연과 우주 전체를 위해 어떻게든 살아남아야 합니다.

가슴 뛰는 순간에 다가오는 것들

청춘의 발견

펴낸날 · 초판 1쇄 2017년 7월 10일

기   획 · 김창남
지은이 · 김영현, 김정환, 박권일, 변영주, 안영노, 윤도현, 이상엽, 이원재, 이정모

펴낸곳 · 봄의정원
출판등록 · 제2013-000189호
주   소 · 04004 서울시 마포구 월드컵로10길 27, 201호(서교동, 세화빌딩)
전   화 · 02-337-5446
팩   스 · 0505-115-5446
이메일 · eunok9@hanmail.net

ISBN 979-11-87154-51-8 03300

이 도서의 국립중앙도서관 출판예정도서목록(CIP)은
서지정보유통지원시스템 홈페이지(http://seoji.nl.go.kr)와
국가자료공동목록시스템(http://www.nl.go.kr/kolisnet)에서 이용하실 수 있습니다.
(CIP제어번호: CIP2017014251)

＊한국출판문화산업진흥원의 출판콘텐츠 창작자금을 지원받아 제작되었습니다.